**이 책을 읽기 전에
증여하지 마세요**

이 책을 읽기 전에

증여

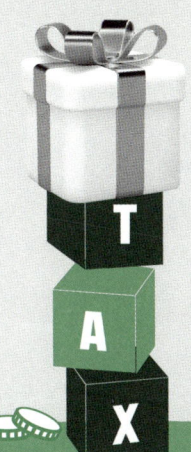

비더리치(김국현) 지음

하지 마세요

리치타임

추천사1

첫째, 세법을 잘 모르는 일반인도 주의를 기울이지 않으면 증여세를 내야하는 경우도 있을 수 있겠다. 생활비로 아무생각없이 가족에게 준 돈이 혹은 재산 때문에 증여세를 내는 경우도 있다. 증여는 자산가에게만 해당되지 않고 우리 모두에게 적용되는 것일 수도 있다.

둘째, 개인사업자라면 꼭 관심을 기울여야 할 것 같다. 개인이 출자하여 모든 사업을 책임지는 개인사업자의 특성상 증여로 오해받아 억울한 세금을 내는 경우가 많을 것으로 생각된다. 사업자 통장에서 가사경비를 따로 분리해서 관리한다 하더라도 배우자나 자녀가 이 돈을 쓸 수도 있기 때문이다. 그럼 어디까지가 증여고 어디까지가 직접 지출인지 가르기가 어려운 지점도 있을 수 있다고 생각된다.

셋째, 현명한 재산관리를 위해 꼭 필요하다고 생각된다. 적법하게 세금을 납부하는 것은 국민의 의무로서 꼭 필요한 일이다. 그렇지만 절세를 하는 것은 불필요한 지출을 줄이고 재산증식을 하는데 꼭 필요하다고 생각된다.

이 밖에도 여러 이유가 있겠지만 3가지를 종합할 때 증여세는 고액자산가만 알아야 하는 것이 아니라 일반인도 꼭 알아야 하는 내용이다.

일과의 대부분을 병원에서 생활하는 의료인으로서 세금에 대한 전문가를 만나서 지혜를 얻기가 어렵다. 일반인 보다 수익이 많은데 무슨 걱정이냐 할지 모르지만, 병원은 법인의 형태보다는 개인사업자이고 자영업자이기 때문에 재산관리, 세금관리가 어렵다. 급여소득자와 달리 공식적인 퇴직금이 있는 것도 아니다. 대표로서 직원에게 도움이 되고 싶고, 가장으로서 가족에게 도움이 되고 싶다는 생각이 절실하다. 어떻게 세금을 관리를 할지 생각보다 잘 아는 사람을 만나기가 어렵다. 유튜브나 인터넷에 알려진 조각난 지식을 가지고 맞춰보다가 낭패를 겪는 경우도 많다.

이 책을 통해 증여에 대한 기본을 잘 익히고 현명한 세금관리를 할 수 있을 것이다. 10여년 이상 김국현 세무사와 협업을 하면서 고객의 편에서 소통하는 장점을 많이 봐왔다. 이 책도 평소 김국현 세무사의 성품과 전문성이 담긴 좋은 결과물이라 생각된다.

통달한의원 대표
김태현

추천사2

"말이 쉽지…"

실제로 큰 액수의 세금을 추징당하거나, 잘 몰라서 누락된 것에 대한 가산세를 물게 될 때는 저런 말이 나온다. 말이 쉽지, 그 엄청난 세금을 내는 것이 어디 쉬운 일인가.

혹자들은 '세금 낼 대상이라도 있으니 참 좋겠구나?'라며 속없이 이야기 한다. 하지만, 증여세는 다른 세금과는 확연하게 다르다.

그래서인지 다들 잘 모른다.

이러한 이유로 확실한 전문가에게 상담과 조언을 받고 그에 따른 진단대로 해나간다면 합리적이고도 합법적인 절세를 할 수 있는 것이다.

상속세와 증여세의 차이도 잘 모르는 일반인에게는 이 책은 단비와 같은 소식이다. 작은 금액의 증여세라도 이 책을 읽은 후에는 대응하는 방법과 결과가 확연히 변화하게 될 것이다. 특히, 독자들의 통장 잔고가 말이다.

세상은 겪어 보지 않고는 쉽게 알려주지 않는 것들이 있다.
첫째는 부모가 되는 것이고, 둘째는 세금, 특히 증여세라고 생각한다.

누구에게 물어봐도 명쾌한 답은 없다. 덮어놓고 내야 하는 세금이라고 생각하기엔 그 금액에 너무나 크다. 결국 받은 것에서 절

_____

반 정도 뚝 떼어 내고 나면 남는 것도 없어 보인다. 증여해주신 부모님도 속상해 하신다.

  이 책을 읽으면, 올바르게 증여세를 절세할 수 있는 방법을 잘 가르쳐준다.
  절대, 탈세하면 안되며 합법적인 방법으로 절세하시기를 바란다. 그것이 어떤의미에서는 가장 중요한 증여의 제1원칙이 아닌가 싶다.

㈜가토코 대표
이성빈

프롤로그

이 책을 읽기 전에
절대 증여하지 마세요!

세금이 나올까 봐 두려운 적 있으신가요?

전세자금이 부족해서 아들, 딸에게 돈을 보냈는데,
사람들이 공동명의가 유리하다고 해서 그렇게 했는데,
생활비 아끼고 아껴서 주식투자를 했는데,
다들 그러는데…

세무서에서 연락이 오면 어떡하지?
막연한 불안감이 생깁니다.

세금 공포증 또는 세금 포비아라는 말 들어보셨나요?

세금 관련 업무 또는 세무 당국과의 상호 작용에 대한 비합리적인 두려움이나 불안을 가리키는 조세 공포증이라는 현상이 있습니다.

공식적으로 인정된 정신질환은 아니지만, 이를 경험하는 사람들에게는 스트레스와 불안의 원인이 될 수 있습니다.

실제로 증여라고 생각도 못 했는데 갑자기 세금폭탄이 나오는 경우가 생각보다 많습니다.

"뭐 이런 것까지 세금 나오겠어?"
"부자들이나 세무조사 나오는 거지 나 같은 서민한테까지 연락이 오겠어?"
"현금 빼서 주는 건데 세무서가 어떻게 알고 연락 오겠어?"

솔직히 말씀드리면 세무서에서 연락이 안 올 가능성이 큽니다.

하지만!

세무서에서 한 번이라도 연락이 오면 5년, 10년간 과거 계좌 내역을 뒤져보고 증여를 했거나 세금을 적게 낸 상황이 있었다면 세금을 부과합니다.

세무서에서 연락이 오면 이미 늦었을지 모릅니다. 물론 저처럼 증여세와 상속세 전문 세무사들이 세무조사를 대응을 하면 어떻게든 해결을 합니다. 저는 항상 해결했습니다.

어떤 경우에는 증여하려고 한 것도 아닌데 세금이 나오는 경우가 있습니다. 이렇게 내 의도와 다르게, 정말 억울하게 세금 내야 하는 경우가 생길 수도 있습니다.

몇 백만 원이면 많기는 하지만 재수없다고 생각하고 세금 내겠지만, 몇 천만 원, 몇 억 원이 나올 수 있습니다.

다행스러운 것은 이 책을 읽으시면 모두 해결되는 문제들입니다.

세무사지만 저도 세무조사 몇 차례 받아봤습니다.
세무조사 대응을 한 게 아니라 저한테 조사가 나온 적이 몇번 있었습니다. 세무조사가 막상 제 앞으로 나오니까 저도 비슷하게 가슴 철렁하고 왜 나한테 이러지?
왜 나만 가지고 그러지?

라는 생각이 들더군요.

세무사이지만 당장 내야 될지도 모를 제 세금을 줄이는 입장에서 치열하게 세금 줄였습니다. 실제로 제 세무조사를 받아 보니 조사를 대리하는 세무사의 입장과 세금을 내야 하는 당사자도 차이가 난다는 것까지 경험을 했습니다.

세무사가 천직이 됐고 세금 줄이는 일을 더 즐기게 됐습니다. 세무조사를 직접 경험해봤으니까요.

세금이 어렵다고요?
당연히 어렵습니다.
세금을 다 알 필요 없습니다.
세금 공부는 제가 하겠습니다.

우리는 상식 수준에서 사소한 한두 가지만 알고 있으면 세금 리스크 크게 줄이거나 없앨 수 있습니다.

이 책에서 세금을 설명하지 않겠습니다.
증여가 되는 상황을 이야기 드리겠습니다.

대학교에서 학생들에게 강의하고 세무연수원에서 세무사들에게 강의하고 책을 쓴 경험을 살려 충분히 어렵지 않게 설명드리겠습니다.

만약 이 책의 내용 중에 어려운 내용이 있다면,
그냥 그런가 보다…
그냥 이런 내용이 있다던데…
정도만 기억하시고 세무사에게 물어볼 수 있으면 됩니다.

10년 넘게 증여와 상속 업무를 하면서 실제 상담 사례를 소개하겠습니다. 세무사의 입장이 아니라 저도 여러분들 입장에서 설명드리겠습니다.

이 책은 세금에 관한 책이 아니라 걱정을 줄여주는 책입니다.

어려운 세법 이야기나 서론을 길게 이야기하지 않고 핵심만 적겠습니다. 세법 용어도 최대한 풀어서 적어보겠습니다.

생각나지 않을 때 꺼내볼 수 있도록 다른 사람들에게 쉽게 줄 수 있도록 핵심만 담겠습니다.

세법은 자주 개정이 됩니다. 최근에도 정부의 증여세 개정안이 발표가 되었습니다. 다만 정부의 생각대로 바뀌려면 법을 바꿔야 되기 때문에 국회 동의가 필요합니다. 아시는 것처럼 여당과 야당은 싸우면서 정부의 생각대로 바뀌지 않습니다.
수시로 바뀌는 세법 유튜브 비더리치tv에 업데이트 빠르게 해놓겠습니다. 책의 내용도 영상으로 설명한 부분이 있으니 모아서 보세요.

비더리치tv : www.youtube.com/@betherichtv

마지막으로 주의할 것은 이 책을 읽고 이해가 잘 되더라도 혼자 판단하면 안 됩니다. 꼭 제게 물어보시고 증여와 상속 전문 세무사와 상담하고 결정하세요.

이 책은 세금이야기지만 숨어있는 상식을 알려주는 책입니다.

돈을 아낄 수 있고 더 좋은 것은 불안한 마음의 걱정을 덜어주는 책입니다.

증여세와 상속세에 관한 숨은 진실!
이제부터 시작합니다.

세무사들도 알려주지 않는 진짜 증여 이야기 궁금하지 않으세요?

세금 줄이는데 누구보다 진심입니다.

세무사
경영학박사 김 국 현
비더리치

차 례

추천사 1	4
추천사 2	8
프롤로그 이 책을 읽기 전에 절대 증여하지 마세요!	11

Chapter 1
가족 간 계좌이체 어떻게 할까요?

가족 간 계좌이체 세금폭탄 피하는 방법	25
계좌이체가 문제가 되는 구체적인 상황들	32
가족 간 계좌이체 누가 입증해야 할까요?	36
가족 간 계좌이체 많이 받는 질문들	39

Chapter 2
현금 인출하면 안 걸릴까요?

현금 인출해서 주면 증여를 피할 수 있다?	49
고액현금거래보고제도와 의심거래보고제도?	52
자녀가 인출받은 돈을 사용하는 경우	55
계좌이체와 현금 인출 지나가는 이야기	59

Chapter 3
가족 간 돈 빌리는 방법

가족 간 돈 빌리는 방법	67
부모님께 이자 드려야 할까요?	72
이자, 주고받지 않는 방법	77
차용증 작성 잘 하는 방법	80

Chapter 4
증여의 핵심 5천만 원

이미 빌렸는데 차용증은 작성하지 않은 경우	89
증여 면제금액 5천만 원 계산하는 방법	91

Chapter 5
생활 속 무심코 증여들

생활비, 학비도 증여가 될 수 있을까?	105
부모님께 드리는 용돈도 증여가 될까?	110
자녀에게 주는 용돈도 증여가 될까?	116
자녀에게 주식을 증여하는 경우	119
결혼 축의금은 부모님 꺼, 신랑&신부 꺼?	124

혼수용품 사줘도 증여가 될까?   130
부모 자식 간 또는 부부간 부동산 매매를 하면
세무서는 우선 증여로 추정합니다.   132

Chapter 6
증여와 상속을 함께 고려해야 합니다.

증여하고 난 후 더 건강해야 합니다.   139
증여가 효과가 있다면 얼마나 줄어들까요?   145
증여를 했는데, 10년 이내 상속이 시작된다면?   150

Chapter 7
나는 평생 세무조사 받을일 없다?

나는 세무조사받을 일 없다? (자금출처 조사)   159
최근에는 세무조사할 때 종합적으로 확인해 보는 추세입니다.   166

Chapter 8

쪼금 어렵지만 알아두면 좋은 증여들

시세보다 낮게 또는 높게 거래하는 경우	173
배우자나 자녀 등에게 증여한 재산을 10년 이내 양도할 때 (이월과세)	177
부담부증여 부담(부채)이 있는 증여?	181
상속할 때! 자녀에게 재산을 줄 수 있는 절호의 타이밍이다!	188
상속세가 나오지 않아도 신고하는 것이 유리합니다.	192
배우자 상속 공제와 연대납세의무 활용하기	194
증여세와 상속세를 안내는 방법	200
사망일 전 재산을 처분하였다면?	213
상속이 임박한 시점, 재산을 처분하기 전에 양도소득세를 고려해 봐야 합니다.	216
상속등기 전에 협의분할해야 합니다.	219

에필로그		222
부록	신고 절차들	229

"The hardest thing in the world to understand is the income tax."

- Albert Einstein

"세상에서 가장 이해하기 어려운 것은 세금이다."

- 알버트 아인슈타인

Chapter 1

가족 간 계좌이체 어떻게 할까요?

가족 간 계좌이체
세금폭탄 피하는 방법

가족 간에 계좌이체하는 것은 너무 흔한 우리의 일상입니다.

그런데 무심코 이체했다가 증여세를 왕창 내야 될 수도 있습니다.

일반인들은 세무조사 나올 일 없어서 괜찮다고요?

진짜 그럴까요?

어느 정도는 맞는 말입니다. 대부분의 세무조사는 사업을 하는 사람들이 세금을 잘 내고 있는지 확인하기 위해 사업체에 대해 세무조사를 하는 경우가 더 일반적입니다.

개인들도 부동산 취득이나 증여를 받은 경우 세무조사를 합니다. 부동산 매매를 하지 않고 증여를 받지 않았어도 세무조사가 나오는 경우가 있습니다. 부모님이 돌아가셔서 상속세를 신고하는 경우 상속세에 대한 세무조사를 받습니다.

세무조사가 한 번이라도 나오면 10년간 계좌 내역을 볼 수 있습니다.

평생 세무조사가 안 나오다가 한 번이라도 나오면,
과거 10년간 증여가 있었는지 확인을 해 볼 수 있습니다.

10년 전은 기억도 안 날 만큼 오래 전인데 조사를 합니다.

세무조사받는 입장에서 억울한 느낌이 들기도 합니다. 주위 사람들이 세무조사받았다는 이야기 들어본 적 없는 것 같고 나보다 더 잘 사는 사람들도 세무조사는 받지 않은 것 같으니까요. 재수없게 왜 나만 가지고 그러죠…

그렇다고 걱정하면서 살 필요는 없습니다. 충분히 세무조사 대비를 해 놓을 수 있습니다.

세무조사가 나오면 기본적으로 계좌 내역을 살펴봅니다.

계좌 내역을 조회해서 제출해 달라고 해서 보기도 하지만 요즘엔 국세청에서 알아서 조회를 합니다. 해지해서 지금은 쓰지 않는 계좌도 볼 수 있을까요? 아주 오래전에 쓰다가 없어진 계좌까지 조회를 할 수 있습니다.

없어진 계좌까지 조회가 가능하다니 놀라셨나요? 간혹 통장 없애면 세무조사받을 때 괜찮다고 하지만 전혀 그렇지 않습니다. 은행의 계좌 내역은 우리가 숨길 수 있는 정보가 아니라는 의미입니다.

가족 간 계좌이체 내역이 확인된다면 상황에 따라 다르겠지만 일반적으로 우선 증여로 추정을 합니다.

증여로 추정한다는 이야기를 좀 더 쉽게 이야 하면

국세청 : "아 모르겠고 우선 증여라고 생각할래"

이런 뉘앙스입니다.

증여라고 생각하는데 증여가 진짜 아니라면, 증여가 아니라는 것을 우리 보고 잘 설명을 해보라는 뜻입니다.

보통 소명을 한다고 이야기합니다. 소명이란 이유를 설명하는 것인데 증명보다는 낮은 심증입니다.

물론 가족 간 계좌이체라도 무조건 증여라고 보지는 않습니다. 부부간에 돈을 주는 경우 생활비나 치료비, 자녀의 교육비 등은 당연히 증여가 아닙니다. 부부는 경제 공동체이고 실제로 맞벌이, 외벌이인지에 따라 좀 다르겠지만 대부분 가족들을 위한 지출을 부부가 함께 사용합니다. 아내가 가족의 경제를 맡는 경우 지출통장을 만들어서 사용하기도 합니다.

부부간 생활비가 무조건 인정이 되는 것은 아닙니다. 세법에서는 사회통념상 인정되는 범위 내에서 주는 생활비 등만 증여가 아니라고 이야기를 합니다.

부부간에 이체한 돈을 생활비라고 이야기하지만 자금 이체 금액이 꽤 크거나 돈을 이체한 상황들을 생각해 보면 증여를 한 것이지만 생활비라고 살짝 숨겨놓을 수 있으니까요.

그런데 실제로 우리는 생활비를 좀 두둑하게 준다고 생각하지 증여라고 생각하면서 돈을 주지는 않으니까요. 증여가 될 수 있는지 모를 뿐입니다.

생활비로 얼마 정도 주면 괜찮을까요?

생활비 얼마 이상 주면 많다고 할까요?

상식적인 수준에서 사회통념상 생활비는 증여가 아니라고 합니다.

사회통념상 범위라는 말이 아주 애매한대요. 세법에서 얼마 정도는 생활비라고 금액을 정해둔 것은 아니고 개개인마다 상황을 고려해서 판단을 합니다.

실제로 세무조사를 대응해 본 경험상 200~500만 원 정도 생활비를 주는 경우가 많은데 이런 경우는 증여로 보지 않고 잘 넘어갔습니다. (증여세가 과세되지 않았습니다.)

다만, 동일한 금액이더라도 상황에 따라 생활비가 아니라 증여라고 볼 수 있습니다. 200만 원씩 매주 주거나 500만 원씩 자주 주고 신용카드까지 사용을 하는 경우는 증여로 볼 수 있습니다.

절대적인 금액보다는 돈이 이체된 상황이 더 중요합니다.

국세청 공무원의 판단에 따라 계좌이체금액이 증여인지 아닌지 적용이 되는데 제가 세무조사를 대응한 케이스에서는 다행스럽게도 세금이 부과되지는 않습니다.

경험상 세무조사 과정에서 생활비가 문제가 되는 경우는 생활비 금액 자체가 큰 경우 또는 과거 몇 년간 자금의 흐름과 부동산 취득금액 등 여러 가지 상황을 종합적으로 판단을 해보니 증여가 의심되는 경우입니다.

생활비에 대해서 증여가 될 수도 있다는 것도 처음 들었는데 생활비인지 증여인지 국세청 조사관의 판단을 받을 수 있다는 것이 좀 이상합니다. 부부간에 생활비로 돈을 주는 거지 생활비인지 증여인지 딱 잘라서 판단하기 어려우니까요.

기본적으로 우리가 아는 일반적인 생활비는 걱정 안 하셔도 됩니다.

부동산을 취득하거나 주식 등에 투자를 할 때 배우자 명의로 취득하는 경우 증여를 해야 하는데 생활비라고 슬쩍 넘어가고 싶거나 우기는 경우가 문제가 됩니다.

이런 경우는 국세청도 조사를 해보면 무늬만 생활비고 실제로는 증여였다는 것을 압니다.

자녀의 용돈의 경우에는 조금 다릅니다. 소득이나 재산이 없어서 부양하는 자녀에게 주는 용돈은 증여가 아닙니다. 어린 자녀에게 주는 용돈이나 학원비 등은 당연히 증여가 아닙니다.

==회사를 다니는 성인 자녀가 소득이 있는데 용돈을 주는 경우에는 증여가 될 수 있습니다==

용돈과 생활비에 대한 이야기는 챕터 5「생활 속 무심코 증여들」에서 더 자세히 말씀드리겠습니다.

계좌이체가 문제가 되는 구체적인 상황들

구체적인 케이스 2가지로 가족 간 계좌이체가 문제가 되는 경우를 생각해 보겠습니다.

첫 번째는 계좌이체 한 금액 자체에 대한 이야기입니다.

김리치씨가 결혼을 해서 신혼집을 구하려고 합니다. 모아둔 돈으로는 전세금이 부족해서 부모님이 좀 도와주시기로 했습니다. 전세금 부족 금액 1억 원을 부모님이 자녀에게 계좌로 이체해 주셨습니다.

이렇게 부모님이 자녀에게 1억 원을 계좌이체하는 경우 계좌이체 금액 자체가 문제가 될 수 있습니다. 1억 원 정도면 꽤 큰 금액이어서 증여세를 신고해야 할지 고려를 해야 합니다. 증여세가 과세되지 않는 5천만 원까지만 증여를 하고 나머지 5천만 원에 대해서는 증여세를 내거나 부모님께 빌려야 세금이 나오지 않습니다.

두 번째는 김리치씨가 집을 5억 원을 주고 샀는데 세무서에서 취득 자금에 대한 세무조사가 나온 경우입니다.

부동산 등 고가의 재산을 구입한 경우 무슨 돈으로 재산을 구입했는지 확인을 하는 것이 취득 자금에 대한 자금 출처 세무조사입니다.

국세청은 이미 김리치씨의 소득에 관한 자료를 꽤 많이 갖고 있습니다. 국세청이 김리치씨의 연간 소득 금액과 나이 등 종합적으로 판단을 해보니 주택 구입자금 5억 원의 출처가 잘 설명이 되지 않아서 김리치씨에게 연락을 한 것입니다. 주택 구입 자금 등에 대해 설명을 해달라는 거죠.

큰 금액이 한 번에 옮겨온 것은 없었지만 몇 백만 원에서 천만 원 정도 몇 번씩 나눠서 부모님이 김리치씨에게 이체한 내역이 있었습니다. 해당 이체금액을 더해보니 1억 원 정도 됐습니다.

이때 계좌로 이체한 돈이 모두 증여인지 아닌지 소명을 해야 합니다. 김리치씨가 국세청에 소명을 못한다면 주택 취득 자금 중 일부를 증여받은 것으로 추정을 하고 결국 증여세가 나옵니다.

살짝 기분이 나쁩니다. 국세청은 내 계좌를 마음대로 보는 걸까요?

큰돈을 이체하면 국세청은 우리 계좌를 모두 다 들여다보고 있는 걸까요? 그렇지는 않습니다.

국세청도 우리 계좌를 보려면 계좌를 조회하는 이유가 있어야 합니다. 국세청이 계좌를 확인을 하더라도 계좌를 열어봤다고 우리한테 알려줍니다. 그냥 일방적인 통보를 합니다. 국세청이 우리 계좌를 확인했다면 금융거래 정보제공 사실 통보서를 우리에게 보냅니다.

내가 잘 알지 못하는 뭔가 무서운 정부 기관에서 편지가 오면 가슴이 철렁합니다. 죄지은 것도 없는데 무섭습니다. 금융거래 정보제공 사실 통보서를 받았다고 조만간 세무조사가 시작되는 것은 아닙니다. 금융거래 정보제공 사실 통보서는 뭔가 계좌를 조회해봐야 하는 사유나 혐의점이 보여서 조회를 해봤다는 사실만 알려주는 것이고 세무조사를 시작하겠다는 의미는 아닙니다.

내 계좌를 봤다는 이야기이므로 세무조사가 나올 가능성이 좀 커지긴 했겠죠.

국세청이 계좌이체를 항상 처다보고 있지 않다면 가족 간 계좌이체가 문제가 되는 경우는 어떤 경우일까요?

첫 번째로 앞에서 말씀드린 부동산이나 주식 등 취득을 한 경우 자금출처 조사가 시작된 경우 계좌를 모두 확인하고 가족 간 계좌이체가 문제가 됩니다.

두 번째는 상속세 세무조사가 시작되는 경우입니다. 사망을 한 경우 약 6개월 이내에 상속세 신고를 해야 하는데 상속세는 신고만 했다고 끝나지 않고 상속세 신고한 것에 대해 국세청에서 세무조사를 해서 검증을 합니다. 무조건 상속세 세무조사가 나오는 것은 아니지만 최근 추세로 보면 대부분 세무조사를 해서 검증을 합니다. 이때 사망한 분의 10년간 계좌를 확인하게 되고 자연스럽게 가족 간 계좌 이체내역을 확인할 수 있습니다.

가족 간 계좌이체
누가 입증해야 할까요?

계좌이체 리스크를 줄이기 전에 차분하게 생각해 볼 문제가 하나 있습니다.

우리는 계좌이체를 한 것이 증여가 아니라고 하고,
국세청은 자꾸 증여라고 합니다.

서로의 생각이 다른 상태입니다. 증여인지 아닌지에 대해 입증해야 하는 문제가 있습니다. 국세청이 증여라는 것을 입증해야 할까요? 아니면 우리가 증여가 아니라는 것을 설명해야 할까요? 다시 말하면 증여에 대한 입증은 누가 해야 할까요?

계좌이체를 한 우리가 증여가 아니라는 것을 국세청에 입증할 수도 있습니다. 반대로 국세청이 해당 계좌이체가 증여라는 것을 입증해야 할 수도 있습니다.

상식적으로 생각하면 증여라는 것을 국세청이 증여라는 것을 입증하고 과세해야 될 것 같습니다. 세금을 부과하는 쪽에서 증여라고 판단하고 우리에게 이야기하는 것이 맞을 것 같으니까요.

실제로는

우리가! 증여가 아니라는 것을 적극적으로 입증을 해야 합니다.

국세청은 증여라고 생각하는데 우리한테 아니라는 것을 설명할 기회를 주겠다는 것입니다.

"아 네~ 기회를 주는군요…"
기회를 준다는데 좀 기분이 나쁘기는 합니다.

이제 증여가 아니라는 것을 입증할 수 없다면 세금폭탄이 나올 수 있으므로 급한 것은 국세청이 아니라 우리입니다.

국세청이 우리에게 계좌 이체된 내역에 대해 증여가 아니라는 것을 설명해 보라고 하면 100명 중 99명은 빌렸다고 이야기를 합니다. 아니 100명 모두 빌렸다고 합니다. 가족 간에 계좌이체를 했는데 딱히 떠오르는 좋은 핑계가 딱히 없거든요. 그냥 좀 보태 줬다고 하면 바로 증여니까요.

　빌렸다고 이야기하면 이제 국세청은 줄줄이 질문을 합니다. 차용증 좀 보여 달라, 이자는 얼마였냐, 이제까지 얼마나 갚았냐? 언제 갚을 계획이냐? 등등 질문에 질문이 이어집니다.

　실제로 가족 간에 돈을 빌렸다면 국세청에 더 잘 증명해야 합니다. 다행히 빌렸다는 것을 증명하는 것은 어렵지 않습니다. 다른 사람에게 돈을 빌릴 때 하는 것과 동일하게 하면 됩니다. 차용증을 작성하고 이자를 주고받기로 하면 됩니다. 가족 간 차용증 작성에 대해서는 자세한 설명이 필요해서 주제를 바꿔서 다시 설명드리겠습니다.

가족 간 계좌이체
많이 받는 질문들

1. 이체할 때 마다
적요에 적어두면 좋다?

    계좌 이체를 할 때마다 증여가 아니라는 것을 평소에 적어 두자는 이야기입니다. 예를 들어서 이번에 보내는 건 생활비, 학원비, 아내 생일선물이라고 계좌이체를 할 때마다 적어 두면 나중에 세무조사를 받게 될 때 소명이 가능할 것 같다는 이야기입니다.

    가족 간 계좌이체를 해결하는 방법으로 다른 세무사들도 비슷하게 이야기하는데 저는 좀 생각이 다릅니다. 적요를 적어 두면 세무서도 확인을 하고 이해를 해줄 것 같다고 생각을 하는 것 같은데 실제 세무조사 경험이 많지 않아서 그렇게 생각할 수도 있습니다.

더 솔직히 말하면 법인이나 개인사업을 하지 않는데 일반인들이 세무조사를 받는 경우가 많지는 않습니다. 세무조사가 잘 나오는 것도 아닌데 매번 그렇게 적요를 적는 것 자체가 힘듭니다. 최악의 경우에는 적요를 잘못 적어서 오히려 증여세가 엄청 과세될 수 있습니다.

실제로 세무조사받은 케이스입니다. 아내에게 목걸이를 선물을 하고 싶어서 백화점 다녀오라고 돈을 보내고 적요에 적어 놨습니다. 적요에 '아내 선물'이라고 적어 놓을 겁니다. 우리 생각에 아내 선물은 증여가 아니니까요.

그런데 세무서는 상황에 따라 이걸 증여로 볼 수 있습니다. 목걸이 금액이 고가였다면 증여로 판단할 수도 있습니다. 금액 자체도 중요하지만 돈을 준 횟수와 상황에 따라 증여인지 아닌지 판단합니다.

적요에 아무것도 적혀 있지 않고 다른 날짜를 확인해 보니까 비슷한 돈이 되돌아온 것이 있으면 잠깐 돈 보냈다가 받았다고 해도 되는데 굳이 아내에게 준 선물이라고 적요에 적혀 있으면 세무조사받을 때 다른 말을 할 수가 없습니다.

우리한테는 들을 말도 없고 그냥 선물사라고 준 돈이 증여인지 아닌지에 대한 판단만 하겠죠.

==이체할 때마다 증여인지 아닌지 스스로 판단을 하는 것도 불가능 합니다.==

당장 얼마 정도 돈을 보내면 증여가 아닌지 고민이 됩니다. 500만 원은 괜찮을까요? 결혼 10주년인데 천만 원은 괜찮을까요?

실제로 금액과 상황에 따라 세무서가 판단하는 증여금액이 달라서 상황에 따라 적요를 미리 적어 두는 것이 크게 도움이 되지 않을 수 있습니다. 세무조사를 받을 때 증여세 나올까 봐 잘하려고 한 것인데 오히려 독이 될 수 있으니 적요 적어 두는 것을 크게 신경 쓰지 말자는 소리입니다.

적요에 적어둔 또 다른 케이스도 있습니다. 몇 년 전에 상속세 조사 대응을 하는데 돌아가신 분이 은행 지점장이셨습니다. 가계부처럼 적요에 꼼꼼하게 적어 두셨습니다. 자녀들 전세금과 아내 선물, 생활비 정말 잘 꼼꼼하게 잘 적어두셨는데 실제로 세무조사 받을 때 엄청 애먹은 적이 있습니다.

그래도 적요에 적어두고 싶다면 제대로 된 방법을 정리해 드리겠습니다.

1) 적은 돈을 이체할 때는 적요에 적을 필요도 없습니다.

2) 큰돈이라면 뭔가 증여가 걱정되는 상황일 텐데 엉뚱한 적요가 적혀 있으면 나중에 세무조사 받을 때 어려울 수 있습니다. 이체할 때마다 우리 스스로 증여인지 판단하는 것도 어렵고 매번 하나하나 적는 것도 힘드니까 적요 하나하나까지 적을 필요 없습니다. 다시 말하지만 어떤 경우는 적요가 없는 경우 세무조사받기 더 좋은 경우도 많습니다.

3) 진짜 걱정이 된다면 기억하기 편하게 따로 기록을 해두고 이체 적요 내역에는 적지 않으셔도 됩니다.

2. 천만 원 이상 계좌이체하면 세무조사 대상이 된다?

결론부터 말하면 그렇지 않습니다.

천만 원 이상이라도 계좌이체한다고 바로 국세청이 확인을 하고 세무조사대상으로 선정하지는 않습니다.

자금출처조사나 상속 조사를 하면 10년간 계좌를 확인해 보는데 이때 계좌 이체내역이 문제가 될 수 있습니다.

1천만 원 이상 이체하는 경우 은행과 같은 금융기관이 금융정보분석원에 통보를 합니다. 금융정보분석원에 통보가 됐다고 바로 세무조사가 나오는 것은 아닙니다. 1천만 원 이상 거래 중에 의심스러운 거래인 경우 금융정보분석원이 국세청에 통보를 하고 국세청이 자료를 받아서 다시 한번 탈세 등의 혐의가 있는지 분석을 한 후 세무조사를 해야 하는지 결정을 합니다.

그러니까 큰돈을 이체하거나 가족 간 돈을 이체를 한다고 해서 바로 그리고 무조건 세무조사 대상이 되는 것은 아닙니다.

3. 세무조사는 언제 나오나요?

사업을 하지 않는 일반인들이 세무조사를 받는 경우는 뭔가 정상적이지 않은 상황이 포착된 경우 경우입니다. 부동산을 취득했거나 대출을 갚았을 때 나올 가능성이 있습니다. 이때도 부동산 취득했다고 무조건 검증을 해보는 것은 아닙니다. 일반 개인들은 매년 세무서에 소득신고를 하는데 국세청은 이 소득 자료를 갖고 있습니다.

국세청이 갖고 있는 소득 자료와 다른 여러 가지 자료를 분석을 했는데 자기 힘으로 부동산 취득하기에 무리가 있다고 판단되는 경우 세무조사가 나옵니다.

자금출처조사에 대해서는 chapter7 「나는 평생 세무조사받을 일 없다?」에서 더 자세히 알아보겠습니다.

4. 돈을 줬다가 받으면 어떻게 해야 하나요?

부모님이 자녀한테 줄 때도 증여, 자녀가 부모한테 돌려줄 때도 증여세가 각각 부과될까요?

세법상으로는 각각 증여로 볼 수 있지만 보통은 보낸 돈과 받은 돈을 통 쳐서 상계합니다. 이때 중요한 것은 왜 돈이 왔다 갔는지 설명이 되어야 합니다.

돈이 급해서 잠깐 줬다가 다시 받았거나, 여러 가지 실제로 돈을 주고받은 상황을 설명할 수 있어야 합니다. 증여가 아니라는 것을 설명할 수 있다면 보낸 돈과 받은 돈을 증여로 과세하지는 않습니다. 기왕이면 이체한 돈과 돌아온 돈이 동일하다면 더 설명하기 좋겠죠.

5. 부부는 10년간 6억까지 증여가 가능하다고 하는데 언제부터 10년인가요?

부부간 증여 가능한 금액이 10년간 6억 원이라고 하는데 이 10년을 어떻게 계산을 할까요? 간혹 혼인신고를 하고 10년간 6억 원이 가능한지 물어봅니다. 부부간 증여니까 부부가 시작된 날부터 10년간 6억을 계산해서 증여 가능한 기준일을 혼인신고일로 생각한 것 같습니다. 그렇지는 않습니다.

모든 증여는 증여하는 시점부터 10년간을 계산합니다.

증여를 하고 증여공제 6억이나 5천만 원을 적용한 증여일로부터 10년간으로 계산이 됩니다. 결국 증여일로부터 계산을 하면 됩니다.

"The problem is not that people are taxed too little, the problem is that government spends too much."
- Ronald Reagan

"문제는 사람들에게 세금이 너무 적게 부과된다는 것이 아니라 정부가 너무 많이 지출한다는 것입니다."
-   로날드 레이건

Chapter 2

현금 인출하면 안 걸릴까요?

현금 인출해서 주면
증여를 피할 수 있다?

결론부터 이야기하면 세상이 그렇게 쉽지 않습니다.

김리치씨가 결혼을 하는데 신혼집 전세금 3억 원 정도가 필요합니다. 사회 초년생인 김리치씨는 모아둔 돈과 대출을 받으면 2억 원 정도는 마련할 수 있는데 1억 원이 부족합니다.

5천만 원까지는 세금을 내지 않고 증여받 수 있다고 하니 부모님이 5천만 원 증여를 해주신다고 합니다. 그런데 1억 원을 증여받으려고 계산을 해보니까 세금이 약 5백만 원 정도 나온다고 합니다. 증여세는 김리치씨가 내야 하는데 5백만 원도 아쉬운 상황입니다.

이체를 해준다면 증여로 걸릴 것 같습니다. 어디에서 들었는데 은행에서 1천만 원 이상 인출을 하면 안 되고 그 이하는 인출해도 괜찮다고 합니다. 은행에 가서 9백만 원씩 5번에서 6번 정도 현금으로 인출을 하면 일주일 내로 돈을 빼서 줄 수 있습니다. 부모님이 좀 수고스럽겠지만 자녀한테 주는 돈이라 괜찮습니다.

은행에 인출을 하러 갔는데 500만 원이 넘으면 왜 인출을 하는지 물어봅니다.

왜 인출을 하는지 문진표를 작성하라고 합니다. 어떤 은행은 300만 원만 5만 원권으로 주고 나머지는 1만 원권으로 줄 수 있다고 합니다. 1만 원은 부피도 커지고 쓰기도 힘들 것 같은데 어쩔 수 없습니다.

은행 창구에서 왜 인출하는지 물어보니 은행 앞 ATM 기기에서 인출을 하기로 합니다. ATM에서 현금 인출을 하려면 100만 원이 최대라서 9백만 원을 빼려면 9번 인출해야 합니다. 그것도 5만 원 권 인출 가능한 ATM 기기를 찾아야 합니다. 뒤에 줄서있는 사람이 보면 보이스피싱에 걸렸다고 생각할 수 있을 것 같습니다.

힘들게 5천만 원 인출을 해서 자녀 김리치씨에게 줬습니다. 김리치씨는 전세금으로 사용할 예정이었는데 큰돈을 갖고 있기가 어려우니 은행에 입금을 해 두었습니다. 그리고 전세 들어가는 날짜에 맞춰 전셋집 주인에게 이체를 했습니다.

큰돈을 입금하고 전셋집 주인에게 이체를 하면 문제가 없을까요?

고액현금거래보고제도와
의심거래보고제도?

 계좌이체하지 않고 인출된 돈을 받았으니 김리치씨는 증여세 문제가 없을까요? 아닙니다. 세무조사가 시작이 된다면 문제가 생길 수 있습니다.
 먼저 부모님이 돈을 뽑을 때 상황을 생각을 해보겠습니다. 은행 창구에 가서 돈을 뽑으러 왔는데 천만 원 이상 뽑아달라고 하면 금융정보분석원에 보고를 해야 한다고 이야기를 합니다. 금융정보분석원은 뭐 하는데 인지도 모르겠는데요. 내 자료를 분석을 한다고 하니 무서운 곳 같습니다.

고액현금거래보고 제도(CTR, Currency Transactoin Reporting)는 일정한 금액 이상의 현금거래를 금융정보분석원에 보고하도록 하고 있습니다.

하루에 1천만 원 이상 동일 금융기관에서 인출을 하거나 출금을 하는 경우 보고를 합니다. 이 제도를 어디선가 들어본 사람들이 천만 원미만으로 인출하면 괜찮다고 이야기를 합니다. 그런데 그렇지 않습니다.

의심거래보고 제도(STR, Suspicious Transaction Report System)는 금융거래와 관련하여 불법이라고 의심되는 거래가 있거나 자금 세탁, 보이스피싱 등의 혐의가 있는 경우 금융회사가 금융정보분석원에 보고합니다.

천만 원 미만이더라도 금액은 정해져 있지 않고 빈번한 거래나 의심되는 거래의 경우 통보를 하도록 되어 있습니다. 900만 원씩 며칠에 걸쳐 반복해서 인출을 하는 경우 의심스러운 거래라고 생각될 수 있고 결국 금융정보분석원에 통보될 수 있습니다.

다만 금융정보분석원에 보고된다고 바로 세무조사가 시작되는 것은 아닙니다. 금융정보분석원에서 여러 가지 정보를 분석해 보고 의심거래의 경우 국세청이나 경찰서 등에 통보를 하고 국세청은 이 자료를 토대로 다시 분석을 해서 세무조사를 실시할지 결정을 합니다. 한두 번 인출을 했다고 세무조사가 시작되지는 않지만 의심거래가 많아진다면 세무조사 확률도 올라갑니다.

국세청에서 바로 금융기관에 자료를 요청하기도 합니다. 김리치씨의 직업, 연령, 소득 등을 고려했을 때 갑자기 재산이 생겼거나 대출이 상환된 경우 등 의심스러운 정황이 파악되는 경우 자료 분석을 위해 은행 등 금융기관에 자료 요청을 하기도 합니다.

자녀가 인출받은 돈을
사용하는 경우

 현금 인출을 장기간에 걸쳐 조금씩 한다면 문제가 없을 것 같습니다. 그러면 부모님이 통장에서 어떻게든 인출을 했다고 치고 이번에는 자녀가 인출 받은 돈을 사용할 때를 생각해 보겠습니다.

 김리치씨는 부모님한테 받은 돈을 전세금으로 사용해야 합니다. 우선 큰돈을 받았기 때문에 은행에 입금을 하거나 옷장이나 금고 같은 곳에 잘 보관하고 있다가 전세금으로 지급을 해야 합니다. 아무래도 불안해서 은행에 입금을 해놨습니다.

세무조사를 하면 은행 계좌 내역을 꼼꼼하게 확인을 합니다. 국세청에서 김리치씨의 은행 계좌 내역을 봤더니 큰 돈이 입금된 내역이 확인이 됩니다. 그러면 또 설명을 해달라고 하겠죠. 이유 없이 돈이 입금될 리 없으니까요. 그냥 생겼다고 하면 말이 안 됩니다.

1) 내가 번 돈이라고 하면 매년 소득세를 낸 내역과 맞지 않고
2) 투잡이나 아르바이트를 해서 벌었다고 설명을 하면 소득세를 안 냈으니까 세금을 내야 한다고 합니다.

설명은 되겠지만 증여세보다 세금이 더 많이 나올 수도 있습니다. 결국 빌렸다고 이야기를 해야 합니다. 국세청은 누구한테 빌렸는지 차용증을 달라고 하겠죠. 부모님한테 빌렸다고 하니까 차용증과 이자에 대해 확인해 달라고 합니다. 줄줄이 질문이 이어집니다. 세무서 입장에서는 증여받았다고 생각하기 때문입니다.

이제 자녀 통장에 입금하기 어렵다고 하니까 입금을 하지 않고 전셋집 주인에게 바로 현금을 주기로 합니다. 그런데 전셋집 주인은 깜짝 놀랄 겁니다. 전세금을 종이돈 현금다발로 주는 경우는 많지는 않으니까요.

전셋집 주인 마음속으로 부모님한테 받은 돈 이구나 생각하겠지만 따로 물어보지는 않습니다. 전세금만 잘 받으면 되니까요. 전셋집 주인이 큰 현금을 다발로 갖고 있을 리 없습니다. 바로 은행에 가서 입금을 할 겁니다.

언젠가 김리치씨가 세무조사를 받게 되면 이런 상황이 모두 확인될 겁니다.

전세금 3억 어디에서 났는지 설명해달라고 할 것입니다. 전셋집 주인에게 계좌로 전세금 준 내역을 보니까 2억 5천만 원만 확인됩니다. 나머지 5천만 원은 어떻게 줬냐고 물어보면 현금으로 줬다고 설명을 할 수밖에 없고, 결국 그 현금 어디에서 났냐고 물어봅니다.

생각이 나지 않는다고 오리발을 계속 내밀면 될까요? 국세청은 전셋집 주인에게 전세금 받은 내역을 알려달라고 확인 요청할 수도 있습니다. 결국 부모님께 받은 현금 5천만 원이 문제가 될 수 있습니다.

계획을 짜야 합니다.

결국 현금은 인출도 힘들고 입금도 힘이 듭니다. 창구에서 돈을 빼는 것은 불가능하고 ATM에서 빼는 것도 쉽지 않습니다.

1) 증여 계획을 짜고 일정 부분 증여세를 내고 나머지는 부모님께 빌렸다가 갚을지 고민을 해봐야 합니다.

2) 증여세 계산을 해보고 증여보다는 빌려주는 것이 좋겠다고 생각된다면 차용증 작성을 어떻게 할지 고민해 봐야 합니다.

성인 자녀에게 증여할 수 있는 돈은 10년간 5천만 원이므로 장기적인 계획을 세워야 합니다.

계좌이체와 현금 인출
지나가는 이야기

계좌이체나 현금 인출, 자칫 잘못하면 증여가 될 수 있다고 하니까 여러 가지로 걱정하게 만드네요. 일반적인 상식 수준에서 이체는 증여가 아닙니다. 간혹 증여가 걱정되는 금액이나 상황일 때 세무사와 상담해 보시면 좋습니다.

마음속에 있을 겁니다.

증여를 해주고 싶은데 세금이 너무 많네!
조금씩 이체를 하거나 현금 인출을 하면 괜찮겠지?

저도 세무사이지만 이런 문제가 생기는 원인은 증여공제가 너무 적어서입니다. 그리고 근로소득이나 사업소득으로 벌어서 세금 냈는데 자녀한테 돈을 줄 때 또 세금이 나온다면 좀 많아 보이기도 합니다.

증여세는 부모 세대의 부가 다음 세대로 이전될 때 어느 정도 사회에 환원한다는 취지일 텐데 자녀한테 증여할 수 있는 돈이 10년간 5천만 원이라면 너무 적은 것 같기는 합니다.

이 기준도 약 20년 전에 3천만 원이었던 것과 비교를 하면 거의 바뀌지 않았습니다. 그나마 몇 년 전에 5천으로 올랐습니다. 그런데 아파트 가격은 그사이 10배는 뛰었습니다.

실제로 해외에서 부부간 증여 한도가 없는 경우도 많고 자녀에게 증여하는 금액도 꽤 많습니다. 물론 다른 나라와 세금을 일대일로 단순하게 비교하기는 어렵지만 어느 정도 수준을 비교해 볼 수 있습니다.

증여를 할 수 있도록 허용하는 한도가 작은 것이 마음에 들지 않는 법이지만 나름 이유가 있을 것 같습니다. 세법 잘 지키자는 생각하고 세금 비판하고 싶지는 않지만 물가와 사회적으로 동의를 하는 수준에서 어느 정도 증여 가능 금액을 늘려주거나 제도 개선을 하면 좋겠다는 생각이 듭니다.

세금을 내는 국민들이 세금 걷는 정부에게 이야기하고 비판하는 건 어떻게 보면 당연한 것 같습니다.

어떤 경우에는 한국의 세금이 많다고 하면 돈 많으니까 내라고 합니다. 진짜 그렇게 생각하는 건 아니겠죠?
자기는 세금으로 10만 원, 아니 5만 원, 아니 천 원도 내기 싫을 거면서 남들한테는 좀 내라고 하나요?
우리끼리 세금 좀 더 내라고 할 말은 아니라는 의미입니다. 정부에게 이야기를 해야죠.

세금 왜 이렇게 많이 내야 되는지?
세금 어디에 쓰고 있는지?
왜 나만 가지고 그러는지!

우리는 떳떳하게 세금을 내고 있기 때문입니다.

가족 간 계좌이체를 잘못하면 세금폭탄이 나올 수는 있지만 매번 그렇게 걱정하실 필요는 없습니다. 걱정을 덜고 증여가 될 수 있는 상황을 알고 계시면 됩니다. 이도 저도 어렵다면 최소한 1천만 원 이상 거래하는 경우 조심하면 됩니다.

평소에 하는 계좌이체 말고 실제로 증여해야 하는데 세금을 줄이고 싶다면 증여 상속 전문 세무사와 상담해 보시는 것이 세금을 줄일 수 있는 방법입니다.

There's just one thing I can't figure out, My income tax!

- Nat King Cole

제가 이해할 수 없는 것이 딱 하나 있습니다.

내 세금!

- 냇 킹 콜

Chapter 3

가족 간
돈 빌리는 방법

가족 간
돈 빌리는 방법

 몇 년 전 결혼하는 자녀에게 결혼자금과 전세금을 좀 보태주고 싶어서 2억 정도 계좌이체를 했는데 세무서에서 연락이 왔습니다.
 계좌이체를 하고 나서 세무조사가 나왔다면 어떻게 해야 하나요? 부모님한테 돈을 받은 내역이 있는데 증여가 아니라고 설명하기가 어렵습니다.

 부모님한테 잠깐 빌린 건데 다시 갚을 예정이라고 이야기는 하지만 차용증 작성도 안 했다면 국세청은 빌렸다는 것을 믿어주지 않습니다. 결국 증여세가 엄청 많이 나올 수 있습니다.

계좌이체에 대해 확인하는 것은 재산 취득 자금에 대해 세무조사 과정에서 문제가 됩니다.

예를 들어 김리치씨가 수도권 아파트를 10억 원에 구입을 했습니다. 김리치씨의

직업, 연령, 소득 및 재산상태 등으로 볼 때 재산을 자력으로 취득했다고 인정하기 어려운 경우 취득 자금을 증여받은 것으로 추정을 합니다.

자금 출처를 확인하는 과정에서 부모님 등으로부터 계좌이체를 받은 금액이 확인된다면 증여세가 나올 수 있습니다.

몇 년 전 김리치씨는 아파트를 10억에 취득을 하면서 대출 등으로 취득 자금을 조달했지만 2억 원이 부족해서 부모님한테 받았습니다. 2억 원을 증여받았다면 증여세가 약 3천만 원이 나옵니다.

증여세는 증여받은 사람인 김리치씨가 내야 합니다. (참고로 증여세를 부모님이 대신 내준다면 그 대신 내준 증여세도 증여한 것으로 보고 증여세가 나옵니다.)

증여세가 너무 많이 나와서 증여세를 줄일 수 있는 방법을 찾습니다. 당장 아파트를 구입해야 하니 부족분 2억 원을 부모님한테 빌리고 앞으로 열심히 벌어서 부모님께 2억을 갚기로 하는 건 어떨까요? 은행에서 힘들게 빌리는 것보다 부모님께 빌렸다가 갚는 것이 어떻게 보면 자연스럽고 괜찮습니다.

부모님한테 빌리면서 차용증은 굳이 작성 안 했습니다. 부모님이랑 차용증 작성하는 것이 좀 이상하게 느껴지기도 합니다. 이자도 드리려고 했지만 부모님 생각에 힘들게 돈 버는 김리치씨가 걱정이 돼서 이자는 받지 않기로 했습니다.

국세청은 주택 취득 자금에 대한 세무조사 과정에서 아파트 취득 자금 2억 원에 대해 증여라고 이야기를 합니다. 김리치씨는 2억 원은 잠깐 빌린 것이고 차용증 작성은 안 했지만 열심히 벌어서 꼭 갚을 거라고 설명을 합니다. 부모님이 빌려주신 거라서 이자도 따로 계산하지 않기로 했다고 차근차근 설명을 했습니다.

하지만 국세청은 믿어줄 수 없습니다. 상식적으로 부모님이 자녀한테 줬으면 줬지 빌려주지는 않으니까요.

답답한 것은 김리치씨입니다. 2억 원을 받기 전에 증여세 계산도 해봤고 세금이 너무 부담이 돼서 진짜로 빌린 건데 국세청은 믿어주지 않으니까요.

야속하지만 국세청은 원칙적으로 부모와 자식 간에 돈을 빌려주는 것을 인정하지 않습니다.

국세청은 부모 자식 간 돈을 빌리지 말라는 이야기일까요? 그런 건 아닙니다. 당연히 부모 자식 간이라고 해도 돈을 빌릴 수 있습니다. 증여가 아니라서 진짜 빌린 거라면 증여가 아니라 빌린 증거를 대라는 겁니다. 진짜로 증여가 아니라 돈을 빌린 것이라면 증여로 오해받지 않기 위해 기본적인 차용 형식을 잘 갖추고 있어야 합니다.

다른 사람한테 돈을 빌리는 것과 동일한 절차를 만들어 놔야 합니다. 차용증 작성도 하고 돈을 빌린 것을 증명하기 위해 채무자의 인감증명서를 떼기도 합니다. 금액이 크다면 채무자 재산에 근저당도 잡습니다.

==돈을 빌리는 자녀가 나중에 상환할 수 있는 능력이 있는지도 중요합니다.==

돈을 갚을 수 있는 능력이 없는데도 빌린 것이라면 증여로 추정되기 쉽기 때문입니다. 초등학생 자녀가 빌린 거고 20년 후에 성인이 돼서 갚는다고 하면 믿어주기 힘드니까요.

부모님께 이자 드려야 할까요?

차용증 작성할 때 중요한 것 두 가지만 잘 기억하면 됩니다.

이자는 어떻게 해야 할지 와 차용증을 작성하는 방법에 대한 부분을 잘 정해두셔야 합니다.

그래야 증여가 아니고 빌렸다고 인정을 받을 수가 있습니다.
참고로 세무조사가 나오면 세무사가 대신 국세청을 대응합니다. 변호사가 경찰서나 법원에 가서 변호를 하는 것처럼 세무사는 세무서에 가서 대응을 합니다.

저도 세무조사 대응 많이 하고 있는데요, 실제로 세무조사 과정에서 차용증 이슈가 많이 생깁니다. 세무조사를 대응하면서 실제로 빌린 것으로 인정받은 케이스를 중심으로 설명드리겠습니다.

첫 번째로 이자를 어떻게 할지 정해야 합니다.
결론부터 이야기하면 이자가 없는 것이 제일 좋기는 합니다. 이자를 정하라고 해놓고 이자를 없이 하라는 건 또 무슨 말일까요?
솔직히 말해서 부모님은 항상 자녀 걱정입니다. 사회 초년생이 전세 얻기도 힘든데 여유가 돼서 돈을 주지도 못하고 있는데 자녀한테 돈을 빌려주면서 이자까지 받기에는 뭔가 마음이 좋지는 않습니다. 세법적으로 이자는 어떻게 되는지 구조를 한번 알아두면 좋습니다.

김리치씨가 부모님한테 2억 원을 빌린 경우 이자를 주고받으면 어떤 문제가 생기는지 한번 생각해 보겠습니다. 세법에서 부모와 자식과 같이 특수관계자 간에 주고받는 이자율을 4.6%로 정해놨습니다. 이 이자율은 금리 상황에 따라 올라가기도 하고 좀 떨어지기도 합니다. 은행처럼 실시간으로 변하는 것은 아니고 몇 년 단위로 변동을 합니다.

2억 원을 빌렸고 이자 4.6%를 부모님께 드려야 한다면 연간 920만 원을 드려야 합니다. 이자는 매월 드려도 되고 1년에 한 번 드려도 괜찮습니다. 다만 차용중에 이자를 매월 줄지, 1년에 한번만 줄지 정해두어야 합니다. 2년이나 차용이 끝나는 시점에 한꺼번에 주기로 하는 건 안됩니다. 좀 부자연스럽고 빌렸다고 이야기해야 되는데 증여한 것처럼 보이니까요. 제 3자에게 빌려줄 때 그렇게 하지는 않습니다. 이렇게 해도 될지 궁금하다면 제 3간에게 빌려줄 때 어떻게 할지 생각해 보면 좋습니다.

이제 부모님 입장에서 이자를 생각해 봐야 합니다.

부모님은 연간 920만 원이라는 이자소득이 생깁니다. 소득이 생겼으니까 세금을 내야 합니다.

세법에서 금융 이자 이외 이자에 대해서는 특별히 최소 27.5%의 세금을 내도록 정해놨습니다. 920만 원에 27.5%의 세율을 적용해 보면 253만 원입니다.

배당소득과 다른 이자소득을 합쳐서 2천만 원이 넘는다면 다른 소득과 합해서 세금을 내야 하기 때문에 세금은 27.5%로 계산한 금액보다 더 많아집니다. 이자에 대한 세금을 최소 27.5%를 내야 하니까 적지 않습니다.

적지 않은 게 아니라 이자소득에 대한 세금이 너무 많습니다.

부모와 자녀 간에 돈을 빌리는 경우 차용증과 이자주고 받아야 된다는 것까지는 많이 알지만 이자소득에 대한 세금을 내야 한다는 것은 잘 모르는 경우가 많습니다.

은행에서 이자를 받더라도 세금을 따로 낸 적은 없었으니까요. 실제로는 은행 이자에 대해서도 우리는 꼬박꼬박 세금을 내고 있습니다. 비과세 금융상품이 아니라면 은행에서 이자를 받을 때 세금을 꼬박꼬박 내고 있습니다. 세금을 내고 있는데 세금을 내는지 잘 모르는 이유가 있습니다. 은행에서 이자를 줄 때 알아서 세금을 떼고 남은 금액만 저희한테 주기 때문에 우리는 잘 모르고 넘어가는 경우가 많아서 그렇습니다.

부모 자식 간에도 이자를 주고받을 때 은행이 이자를 줄 때 하는 것처럼 해야 됩니다. 자녀가 부모한테 이자를 줄 때 세금 27.5%를 떼고 갖고 있다가 세무서에 신고를 하고 납부를 해야 합니다. 개인들이 돈을 빌려주고 받으면서 이렇게까지 하기는 힘들고 대신 부모님의 소득세 신고할 때 이자수익에 대한 세금을 신고를 한꺼번에 하고 납부도 해야 합니다. 그런데 이자에 대해 세금 내야 한다는 것도 잘 몰라서 세금신고도 납부도 하지 않습니다.

이자에 대한 세금이 부담되더라도 이자를 주고받고 이자수입에 대해 소득세 신고를 하고 납부까지 한다면 부모 자식 간 돈을 빌린 것을 인정받기는 쉽습니다. 차용증도 작성을 해놨고 이자 주고받은 것도 있고 부모님이 이자를 받은 것에 대해 세금까지 신고를 했는데 이보다 더 완벽할 수 없습니다.

이자,
주고받지 않는 방법

　이자에 대한 세금이 너무 부담이 되는 것이 사실입니다. 더 솔직히 부모 자식 간인데 이자를 주고받지 않는 것이 더 일반적이기도 합니다. 결론부터 말씀드리면 약 2억 1천7백만 원까지는 이자를 주고받지 않아도 괜찮습니다. 당연히 이유가 있습니다.

　상속세 및 증여세법에서 돈을 무상으로 빌려주거나 낮은 이자로 빌려주면 세금을 계산하도록 되어 있습니다.

김리치씨가 돈을 빌렸는데 부모님께 이자를 주지 않는다면 김리치씨는 이자를 무이자로 빌린 것이고 결국 김리치씨는 이익을 보고 부모님은 이자를 받지 못했으므로 손해를 본 것입니다.

김리치씨가 무이자로 빌린 것에 대한 이익을 다시 증여받은 것으로 계산을 할 수 있습니다. 부모님으로부터 무이자라는 이익을 얻었으므로 증여세를 내야 합니다. 이렇게까지 해야 할까요? 지긋지긋 합니다.

그런데 무상이나 낮은 이자로 받은 이익 금액이 1천만 원을 넘지 않으면 증여세를 계산하지 않습니다.

1천만 원을 연이율 4.6%로 역산을 해보면 217,391,304원이 나옵니다. 그래서 대략 2억 1천7백만 원 정도까지는 이자가 없어도 이자를 주지 않은 것에 대한 이익에 대해서 증여세를 계산하지 않습니다. 결국 이 금액 이하는 무이자로 빌려줘도 괜찮습니다.

문제는 국세청 입장에서 이자를 주고받지 않았다면 돈을 빌린 것을 인정하기가 어렵다는 것입니다. 돈을 빌린 김리치씨 입장에서는 부모님한테 돈을 빌렸다는 것을 좀 더 확실하게 해야 합니다.

돈을 좀 모아서 부모님께 원금 상환도 좀 하고 차용한 자금으로 부동산을 취득한 경우 나중에 해당 부동산을 매각을 하면 바로 원금을 갚아야 합니다. 그리고 국세청에게 빌린 것을 잘 설명하기 위해 차용증을 아주 잘 작성해야 합니다.

차용증 작성
잘 하는 방법

복습을 해보면 2억 1천7백만 원 정도라면 이자를 드리지 않고 부모님께 빌릴 수 있습니다. 이 돈보다 더 빌린다면 이자는 연 4.6%로 정하면 됩니다.

차용증 양식은 정해져 있지 않습니다. 양식은 정해져 있지 않지만 꼭 들어갈 내용이 있습니다.

1) 빌리는 금액과

2) 상환일,

3) 상환하는 방법과

4) 이자율(이자가 없다면 무이자),

5) 이자의 지급일
꼭 적어둬야 합니다.

상환을 언제 할지 몰라서 상환일 적지 않아도 되냐고 많이 물어봅니다. 아니면 10년이나 20년 후로 정해도 상관없는지 궁금해합니다. 될까요? 마음속에 그냥 증여라고 생각하고 있는 게 아닐까요? 안됩니다.

상환일은 2년이나 3년 후 특정 일을 꼭 정하서서 적어야 합니다. 상환일이 없다면 국세청에서 빌린 것이 아니라고 생각하기 쉽습니다. 상환일이 없거나 너무 먼 미래라면 어차피 상환할 생각도 없었으니 증여한 것이라고 생각할 가능성이 큽니다.

상환일은 2년이나 3년 정도로 정하고 상환일에 빌린 돈을 갚지 못한다면 다시 차용증을 다시 작성하고 갱신해야 합니다.

차용증은 2장 작성해서 겹쳐서 간인(도장을 반반 찍어두는 것)을 해야 합니다. 그리고 한 장씩 갖고 있어야 합니다.

실제로 세무조사 대응을 많이 하면 세무서 공무원들은 이 차용증 언제 작성했는지 가장 먼저 물어봅니다. 실제로 돈 빌렸을 때 차용증 작성했다고 이야기를 하지만 의심이 되기도 합니다.

세무조사가 나와서 증여가 아니라고 이야기하려고 최근에 작성한 것이라고 생각할 수 있으니까요.

처음에 돈을 빌려주고 받을 때 차용증 작성 잘 했었다는 것을 보여줄 필요가 있습니다. 차용증 작성일을 증명하는 방법은 여러 가지가 있습니다. 공증을 받아도 되는데 공증사무실에 가서 해야 하고 차용금액에 따라 수수료가 발생하는데 2억 원 정도 빌리는 경우 30만 원 정도 합니다. 차용증 공증 받는데 적지 않은 돈이 듭니다. 무조건 공증을 해야 하는 것도 아니니까 다른 방법을 찾아봐야겠습니다.

부모가 자녀에게 차용한 사실을 우체국 내용증명을 보내도 좋습니다. 내용증명 자체에 법적 효력은 없더라도 내용증명을 보내는 날짜가 찍히기 때문입니다. 차용하는 날짜에 돈을 빌리는 자녀가 인감증명서를 발급받아서 차용증에 첨부하면 인감증명서 발급일로 확인이 가능합니다. 확정일자를 받는 방법도 있습니다. 어떤 분들은 이메일로 보내놓기도 합니다. 이메일 발송일이 날짜로 확인이 가능하니까요.

차용증 작성 자체를 증명하는 여러 가지 방법이 있지만

가장 중요한 것은 실제로 빌리는 상황을 잘 설명할 수 있어야 합니다.

자녀가 증여를 받은 것이 아니라 사정상 돈을 빌린 것이고 나중에 꼭 갚을 예정이라는 것을 증명할 수 있어야 합니다.

이자가 없으면 차용증을 인정받을 수 없다고 하는 사람들도 있는데 세무조사를 대응한 경험상 이자가 없더라도 인정받은 경우도 꽤 많았습니다. 이자도 중요하지만 차용증 작성과 실제 빌린 사유에 대한 소명이 더 중요합니다.

차 용 증

차용일자 : 202 년   월   일
차용금액 : 금   원정 (₩   )

1. 상기 금액을 채무자가 채권자로부터 202 년   월   일 차용하였다. 차용금은 월   일에 이체한다.

2. 채무변제방법
   원금은 차용금액에 달하기까지 수시로 아래의 예금계좌로 송금하여 변제한다. 이자는 별도 없는 것으로 한다.

은행		계좌번호		예금주	

3. 해당 차용금은 아래 부동산을 구입하는 데에만 사용하여야 하며 추후 부동산을 매각하는 경우 즉시 상환한다.

대상부동산 :

4. 상환일 :   년   월   일

상호합의하는 경우 조기상환 가능하다.

5. 첨부서류 : 채무자의 인감증명서

202 년 월 일

채권자   성   명 :   (인)
          주   소 :
          주민번호 :
          연 락 처 :

채무자   성   명 :   (인)
          주   소 :
          주민번호 :
          연 락 처 :

차 용 증
작성 예시

차용일자 : 2024년 8월 8일
차용금액 : 금 이억원정 (₩ 200,000,000)

1. 상기 금액을 채무자가 채권자로부터 2024년 8월 8일 차용하였다. 차용금은 월 일에 이체한다.

2. 채무변제방법
원금은 차용금액에 달하기까지 수시로 아래의 예금계좌로 송금하여 변제한다. 이자는 별도 없는 것으로 한다.

은행		계좌번호		예금주	

3. 해당 차용금은 아래 부동산을 구입하는 데에만 사용하여야 하며 추후 부동산을 매각하는 경우 즉시 상환한다.

대상부동산 : 서울시 서초구 ***

4. 상환일 : 2024년 8월 8일
상호합의하는 경우 조기상환 가능하다.
원금 중 일부를 조기 상환하는 것도 가능하다.

5. 첨부서류 : 채무자의 인감증명서

202 년 월 일

채권자   성 명 :   (인)
          주 소 :
          주민번호 :
          연 락 처 :

채무자   성 명 :   (인)
          주 소 :
          주민번호 :
          연 락 처 :

"You only have to do a very few things right in your life so long as you don't do too many things wrong."
- Warren Buffett"

"잘못된 일을 너무 많이 하지 않는 한 인생에서 옳은 일을 아주 조금만 하면 됩니다."
- 워렌 버핏

Chapter 4

증여의 핵심
5천만 원

이미 빌렸는데 차용증은
작성하지 않은 경우

부모 자식 간에 차용증 작성하지 않는 것이 더 자연스러워 보이기도 합니다. 예전에는 차용증 작성 자체를 생각하지 못한 경우도 많았습니다. 최근에 증여세 세무조사도 많이 나오고 문제가 되는 경우가 많아져서 차용증 작성을 해야 한다고 많이 알고 있습니다.

그런데 2년 전쯤에 자녀에게 돈을 빌려줬는데 차용증 작성 따로 안 했다면 어떻게 할까요? 이자 주고받은 내용도 없고 차용증은 돈을 빌릴 때 작성을 해야 하고 세무서에 날짜까지 증명을 해야 한다고 하니까요.

시간을 과거로 돌릴 수도 없으니,
지금이라도 차용증 작성해 놓는 것이 좋습니다.

빌린 내역을 다시 자세히 적고 시간은 현재 날짜로 적어서 차용한 사실을 입증 가능하도록 해야 합니다. 차용중이라는 형식과 날짜에 대한 증명은 당연히 해야 하는 것이고 실제 빌렸다는 것을 세무서에 어떻게 설명을 잘 할지 고민을 해봐야 합니다.

간단해 보이지만 복잡한 증여 문제가 참 많습니다. 꼭 세무전문가와 상담하고 결정하셔야 합니다.

증여 면제금액
5천만 원 계산하는 방법

 증여세를 줄이려면 얼마까지 증여하는 경우 세금이 나오지 않는지 알고 있어야 합니다. 세금을 줄이기 위한 아주 기본적인 개념이고 도구입니다.

 얼마나 증여할 수 있는지 아는 것은 못을 박으려면 망치를 어떻게 휘둘러야 하는지 아는 것과 비슷합니다. 망치질을 잘못하면 손을 찧는 것처럼 증여공제를 잘못 적용하면 세금이 왕창 나올 수 있습니다. 둘 다 쓰라린 경험을 맛볼 수 있습니다. 망치질을 잘한다고 집을 지을 수 있는 것이 아닌 것처럼 증여공제를 안다고 바로 증여세를 줄일 수 있는 것은 아닙니다.

주의할 것은 세금을 내지 않고 증여할 수 있는 방법을 알수록 더 조심해야 하는 것입니다. 망치질을 할 수 있다고 직접 집을 짓지 않는 것처럼 증여공제를 안다고 직접 증여를 계획하고 설계하지는 않습니다.

증여와 상속 관련 업무를 많이 해보지 않은 세무사들도 증여 면제금액 또는 증여공제 잘못 적용해서 실수를 하기도 합니다. 더욱이 중요한 것은 세금을 줄이기 위한 큰 숲을 볼 줄 알아야 하는데 세무전문가가 아니라면 다른 세금들까지 알기 어렵기 때문에 작은 세금을 줄이고 큰 세금을 내야 하는 경우도 생깁니다.

그럼에도 불구하고 증여 면제금액 또는 증여공제 얼마나 되고 어떻게 적용하는지 스스로 아는 것, 참 중요합니다!

성인 자녀에게 5천만 원, 미성년 자녀에게는 2천만 원 증여해도 세금이 나오지 않는 다는 것은 많이 알고 있습니다. 그런데 곳곳에 함정이 숨어있습니다. 세금폭탄이 나올 수 있으므로 증여하기 전에 몇 번씩 확인을 해봐야 합니다.

증여자	배우자	직계존속	직계비속	기타친족
공제한도액	6억 원	5천만 원 (2천만 원)	5천만 원	1천만 원

 세법에서는 증여세 면제라고 하지는 않고 증여재산공제라고 이야기합니다. 증여세 면제라면 세금을 신고하지 않아도 되고, 세금을 내지 않아도 된다는 의미이지만 증여공제라는 의미는 그렇지 않습니다. 증여를 받는 재산(증여재산)에서 5천만 원(미성년자 2천만 원)을 빼고 계산을 한다는 것입니다.

 부모님이 김리치씨에게 5천만 원을 주기로 한 경우 증여재산은 5천만 원이고 여기에 5천만 원을 빼면 세금을 부과해야 하는 재산이 0이 나와서 결국 세금이 나오지 않습니다.

증여재산	5천만 원
- 증여재산공제	- 5천만 원
증여세 세금계산 대상금액	0 원

주의 1.
증여재산공제는 10년간 합산한 금액

증여재산 공제는 돈을 주는 사람과 받는 사람이 특수 관계가 있는 경우 일정액을 공제하여 증여세를 부과하는 금액을 낮춰주는 금액입니다.

배우자, 직계존속, 직계비속, 기타 친족으로 나눠서 금액을 정하고 있습니다. 기타 친족은 6촌 이내 혈족 및 4촌 이내 인척입니다. 증여를 받는 사람이 비거주자인 경우에는 증여재산공제를 해주지 않습니다. 다만 비거주자는 시민권자이나 영주권자와 차이가 있으니 비거주자인지는 요건을 따로 확인을 해봐야 합니다. (시민권자 또는 영주권자여도 비거주자가 아닙니다.)

==성인 자녀에게 증여를 하는 경우 해당 금액을 매번 공제하지는 않고 10년간 합해서 5천만 원만 공제가 가능합니다.==

받을 때마다 5천만 원에 대해서 증여세를 내지 않는다면 증여세를 낼 일이 별로 없을 것 같습니다. 5천만 원 미만으로 여러 번 증여하면 되니까요. 그래서 증여재산공제를 10년간 합쳐서 계산을 합니다.

몇 번 나눠서 증여를 하므로 증여받은 돈을 모두 합해서 5천만 원이 넘는지 확인을 해야 합니다. 세무서는 증여세 신고한 내역을 모두 전산으로 관리를 하고 있으므로 공제를 중복해서 적용을 하면 신고 잘못했다고 연락이 오기도 합니다.

간혹 시간이 좀 지나면 증여를 했는데 신고한 것도 기억이 잘 안 나는 경우도 있습니다. 신고가 잘못되면 가산세가 나올 수 있으니 조심하셔야 합니다.

주의 2.
증여세는 '받는 사람'이 내야 합니다.

증여세는 받는 사람이 내야 합니다.

자녀에게 증여를 하고 세금이 나왔는데 증여세를 부모가 내준다면 그 증여세를 또 증여한 것으로 보고 세금을 또 내야 합니다.

증여세를 내준 것에 대한 증여세를 또 내준다면 무한대로 반복이 되겠죠. 만약 증여세를 낼 돈이 없다면 세금 낼 돈까지 증여로 신고하고 계산을 합니다.

증여세는 받는 사람 기준으로 따지고 생각해야 합니다. 이걸 염두에 두고 증여공제에 관한 설명 읽어보시면 헷갈리지 않으실 겁니다.

주의 3.
증여를 받는 방법

배우자로부터 증여를 받으면 6억 원을 공제할 수 있습니다. 역시 10년간 합쳐서 6억 원을 증여재산에서 뺄 수 있습니다. 사실혼 관계에 있는 배우자는 공제를 받을 수 없습니다. 비거주자는 공제를 받을 수 없다고 했는데 비거주자가 증여를 하고 증여를 받는 사람이 거주자인 경우에는 6억 공제를 받을 수 있습니다.

부모에게는 성인 자녀 5천만 원, 미성년 자녀는 2천만 원 받을 수 있습니다. (증여는 받는 사람 기준이므로 받을 수 있다고 표현을 했습니다.)

세법에서 아버지, 어머니라고 정하지 않고 직계존속 또는 직계비속이라고 적혀있습니다.

여기에 아주 큰 함정이 있습니다.

직계존속이라는 말을 들어는 봤지만 참 어려운 말입니다. 직계존속은 부모와 조부모, 외조부모 등입니다.

김리치씨가 아버지로부터 5천만 원을 증여받았다면 증여세가 나오지 않습니다. 그런데 김리치씨 할아버지가 5천만 원을 또 주신다면 증여세 내지 않아도 될까요?

가족이지만 아버지와 할아버지는 따로 살고 있기도 하고 세대가 틀리니까 당연히 증여공제가 가능하다고 생각을 많이 합니다.

아닙니다! 안됩니다! 세법에서는 증여공제를 직계존속으로 정해놔서 아버지한테 5천만 원 받고 나서 10년 이내 할아버지한테 또 5천만 원을 받는다면 증여공제를 또 해주지 않습니다. 결과적으로 증여세가 나옵니다.

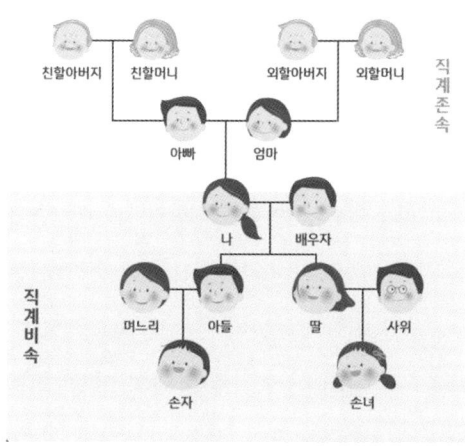

출처 : ibk기업은행 홈페이지

직계존속 모두 합쳐서 10년간 5천만 원(미성년자 2천만 원)입니다.

상식적으로 아버지, 할아버지 각각 증여재산공제해 줘도 될 것 같은데 그렇지 않습니다. 생각보다 실수 많이 하는 부분입니다.

어렵고 헷갈리는 부분 케이스별로 정해서 알아보겠습니다.

(1) 아버지와 어머니가 각각 5천만 원 증여하지 못합니다.
(자녀 입장에서 아버지와 어머니로부터 5천만 원씩 증여받을 수 없습니다.)

(2) 아버지와 할아버지가 각각 5천만 원 증여하지 못합니다.
(자녀 입장에서 아버지와 할아버지, 할머니로부터 5천만 원씩 증여받을 수 없습니다.)

(3) 아버지와 외할아버지가 각각 5천만 원 증여하지 못합니다.
(자녀 입장에서 아버지와 외할아버지, 외할머니로부터 5천만 원씩 증여받을 수 없습니다.)

기타 친족은 6촌 이내 혈족, 4촌 이내의 인척입니다. 혈족과 인척이라는 말도 참 어렵습니다. 혈족은 부모와 자식 간의 관계와 형제자매의 관계를 포함합니다. 피를 나눈 사이가 혈족입니다.

인척은 피를 나누지는 않은 친족들입니다. 아버지, 어머니, 할아버지, 할머니는 모두 혈족입니다. 형수는 혈연관계가 없으므로 인척입니다. 장인, 장모, 며느리, 사위, 숙모 등은 인척입니다.

직계존속인지 혈족 또는 인척인지 증여를 받는 사람 입장에서 따져봐야 합니다.

증여공제 금액이 5천만 원을 받을 수 있는지 1천만 원만 가능한지 차이가 크기 때문입니다. 손자를 기준으로 외할아버지, 외할머니는 직계존속입니다. 그런데 아버지의 입장에서는 장인과 장모이므로 기타 친족이 됩니다.

손자 입장에서 직계존속인 외할아버지, 외할머니한테 5천만 원을 증여받고 기타 친족 작은아버지, 숙모, 고모, 외삼촌, 이모로부터 1천만 원을 추가로 증여받을 수 있습니다.

증여공제 적용하는 것 쉽지 않습니다. 간단해 보이는 증여세 공제(증여면제)도 이렇게 따져야 할 것이 많으니 꼭 증여 전문 세무사와 상담하시고 증여해야 합니다.

주의 4.
2번 이상의 증여가 있는 경우

증여하기 전 10년 이내 증여세 계산을 할 때 공제받은 금액 합계액이 공제 한도액을 초과하는 경우 증여세를 내야 합니다. 2번 이상의 증여를 받는 시기가 다른 경우 처음 증여받을 때 우선 공제를 하고 나중에 남은 금액을 공제받을 수 있습니다.

3년 전에 성인 자녀에게 2천만 원 증여했다면 3천만 원 증여공제가 남아있으므로 지금 3천만 원 추가로 증여하면 증여세가 나오지 않습니다. 두 번째에 5천만 원을 증여한다면 3천만 원까지 공제하고 2천만 원에 대해서는 증여세를 내야 합니다. 시간 순서대로 공제를 하면 됩니다.

2개의 증여가 동시에 있는 경우에는 증여금액별로 안분을 해서 공제를 하면 됩니다.

디테일한 증여공제는 세무사에게 맡기시고 증여 공제 가능 범위에 집중해 보시기 바랍니다.

SUBSCRIBE

　결혼하는 자녀에게 증여를 하는 경우 증여공제를 1억 원 추가로 해주겠다고 정부가 세법개정안을 발표를 했습니다. 자녀에게 증여할 수 있는 공제 금액 5천만 원에 더해 1억 원이 추가되기 때문에 총 1억 5천만 원을 공제 받을 수 있습니다.
　다만 2024년 1월 1일 이후 적용이 됩니다. 세법은 수시로 개정이 되므로 비더리치tv 꼭 구독하고 업데이트 해주세요.

비더리치tv : www.youtube.com/@betherichtv
지식프레소 : www.youtube.com/@JSpresso

"There is no art which one government sooner learns of another than that of draining money from the pockets of the people."
- Adam Smith

"국민 주머니에서 돈을 빼내는 것보다 한 정부가 다른 정부에 대해 더 빨리 알게 되는 기술은 없다."
- 애덤 스미스

Chapter 5

생활 속 무심코 증여들

생활비, 학비도 증여가 될 수 있을까?

생활비가 증여가 되는 경우가 있을까요?

대부분의 생활비는 문제가 되지 않습니다. 그런데 자금이 이체 됐는데 생활비인지 증여인지 애매한 경우에는 증여가 될 수 있습니다.

결혼을 하면 아내가 돈 관리하는 경우가 많습니다. 남편들은 좀 귀찮은 걸 싫어하기도 하고 보통 아내분들이 알뜰하게 돈도 잘 모으고 잘 꾸려서 그런 것 같습니다. 자연스럽게 아내가 생활비를 관리를 합니다.

이해를 쉽게 하기 위해 외벌이 가족의 전업주부의 경우를 생각해 보겠습니다. 김리치씨가 월급을 받으면 아내에게 모두 주고 용돈을 좀 받아서 씁니다. 집도 사야 되고 부동산 투자를 하기 위해서 아끼고 아낍니다.

김리치씨 아내가 생활비 아껴서 적금을 들고 부동산 투자까지 하고 있습니다. 김리치씨의 아내가 돈 관리를 하고 있으니까 은행에 가서 정기예금 2억 원 정도 아내 명의로 가입을 했습니다.

몇 년 후 열심히 벌고 모아서 서울 아파트를 12억을 주고 구입을 했습니다. 공동명의가 세금 면에서 유리하다고 해서 김리치씨와 아내는 공동명의로 했습니다.

여기까지 이상한 내용이 있나요? 우리 주위에 흔히 있을 수 있는 자연스러운 상황입니다.

갑자기 국세청에서 아파트 구입자금에 대해 자금출처 조사가 나왔습니다. 김리치씨의 소득을 아내가 알뜰하게 모아서 아파트 구입을 했으니 문제없을 것 같습니다. 김리치씨는 유리지갑 회사원이라 세금을 덜 낸 것도 없으니까요.

그런데 세무서는 엉뚱한 소리를 합니다. 김리치씨의 아내 명의 은행 정기예금 2억 원과 공동명의 주택 취득자금은 어디에서 났냐고 물어봅니다.

김리치씨한테 생활비 받아서 아껴서 모아둔 돈이라고 이야기를 했습니다. 이 말을 들은 세무서는 김리치씨로부터 아내가 정기예금 2억 원과 아파트 공동 지분 6억 원을 증여받았으니 증여세를 내라고 합니다.

부부는 경제 공동체라고 하고 생활비 아껴서 남은 돈으로 은행에 정기예금 가입하고 부동산을 취득한 것인데 이게 왜 증여가 되는지 도무지 이해가 가지 않습니다. 근로소득에 대해서 월급 받을 때 이미 소득세 다 냈고 생활비 아껴서 쓰는 건데 이게 왜 증여고 증여세가 나오냐는 것이죠.

잠시 화를 가라앉히고 생활비라는 말을 한번 생각을 해보겠습니다. 생활비는 말 그대로 가족들이 생활하기 위해서 사용되는 돈입니다. 외벌이의 경우 남편이 아내에게 주는 생활비는 자녀 학원비나 마트에 사용하는 돈입니다. 당연히 생활비를 받아서 다 쓰지 않고 이 돈을 모아서 정기 예금 같은 금융상품을 가입하거나 주식에 투자하고 부동산을 구입할 수도 있습니다.

국세청이 생활비를 보는 시각은 좀 다릅니다. 국세청 생각에는 외벌이 부부고 소득이 없는 아내가 몇 억씩 금융상품, 부동산을 갖고 있다면 무슨 돈으로 재산을 취득했는지 물어보는 겁니다.

아내는 돈을 벌지 않는데 무슨 돈으로 투자를 하고 적금이 들었냐는 소리입니다.

생활비 받아서 했다고 하니까 그 생활비가 말만 생활비지 재산의 취득 자금이었다면 증여라고 합니다. 부부 입장에서 생각을 하면 생활비 아껴서 저축을 했는데 국세청 입장에서는 그게 자꾸 자금을 취득한 자금이고 증여라고 하는 겁니다.

그럼 생활비 받아서 다 쓰면 문제없고 재산을 샀으면 문제가 되는 거냐고 할 것 같습니다. 그럴 수 있습니다.

맞벌이 부부의 경우에는 금융자산과 부동산 취득하기 전에 취득 자금이 설명이 되는지 각각의 소득 금액을 확인해 봐야 합니다. 아내 명의로 금융자산에 가입을 하거나 부동산 명의를 공동으로 하려면 부부간 증여 가능 금액 10년간 6억 원이 넘는지 확인을 해야 합니다. 그렇지 않고 소득이 있는 남편 명의로 금융자산을 가입하고 부동산 취득을 한다면 문제가 없습니다.

실제로 자금출처 조사를 받거나 상속세 조사를 받는 경우 아내 명의 자산 취득금액이 증여가 되는 경우가 많습니다.

생활비 금액 자체에 대한 이슈도 있습니다. 생활비는 얼마가 적당할까요? 200만 원, 500만 원, 부자들은 1천만 원도 생활비로 줍니다. 세법에서 정해놓지는 않았지만 사회통념상 인정되는 금액 정도 라고만 이야기를 합니다.

실제로는 세무조사 과정에서 생활비는 재산 취득 자금이 되고 결국 증여가 되는지가 더 문제가 되기 때문에 부부 명의를 나누기 전에 계획을 짜고 증여가 아닌지 같이 고민을 해봐야 합니다.

부모님께 드리는 용돈도 증여가 될까?

용돈도 증여가 될 수 있다는 이야기 들어보셨나요?

"용돈인데 증여가 될 리가 있어?"

라고 생각하실 것 같습니다. 결론부터 말하면 용돈 중에서 애매한 돈은 증여가 될 수 있습니다.

무슨 말일까요? 용돈이라는 말부터 정리해 봐야겠습니다. 용돈은 개인이 자질구레하게 쓰는 돈 또는 특별한 목적을 갖지 않고 자유롭게 쓸 수 있는 돈이라고 국어사전에 나와 있네요. 말 그대로 필요한데 쓰라고 주는 돈이 용돈입니다.

쓸데없이 디테일한 것 같지만 자녀에게 주는 용돈과 부모님께 드리는 용돈 또는 생활비를 나눠서 생각해 봐야 합니다. 증여세가 나올 수 있는 상황이 다르거든요.

부모님께 생활비를 드리는 경우 50만 원에서 200만 원 정도 드리는 경우가 많습니다. 매월 200만 원씩 드린다면 연간 2천4백만 원이 되고 10년이면 2억 4천만 원을 드리게 됩니다.
부모님께 증여할 수 있는 돈은 10년간 5천만 원까지만 증여세가 나오지 않습니다. 그런데 매달 200만 원씩 드린다면 용돈도 합쳐보면 2억 4천만 원이나 됩니다.

"부모님께 드리는 용돈이 증여가 되겠어?"

라고 생각하지만 증여에 대해 좀 더 많이 아시는 분들은 증여공제 금액 5천만 원이 넘으므로 걱정이 되기도 합니다.

다시 말씀드리지만 부모님께 드리는 용돈이나 생활비는 대부분 증여 문제가 없습니다. 생각해 보면 평생 자녀들 키운다고 키워주셨는데 용돈 좀 드린다고 증여가 된다는 것이 말이 되지 않습니다.

많이 알아서 문제인가요? 10년 5천만 원이 넘으니 걱정이 되기도 합니다.

세법은 어떻게 되어 있는지 알아보겠습니다.

상속세 및 증여세법 제46조에서 사회통념상 인정되는 피부양자의 생활비는 증여가 아니라고 정해두고 있습니다.

퇴직하셔서 따로 수입이 없으신 부모님들은 자녀들이 부양해야 하는 피부양자가 될 수 있습니다. 그래서 부모님께 드리는 용돈이나 생활비는 피부양자의 생활비가 되며 증여가 아닙니다. 이렇게 법에서도 증여가 아니라고 하고 있습니다.

부모님께 드리는 용돈은 대부분 증여가 문제 되지 않습니다.

그런데 간혹 부모님께 드리는 용돈도 증여가 될 수 있습니다. 증여인지 아닌지는 여러 가지 상황을 확인해서 세금을 부과하기 때문입니다.

1. 용돈이 아니라 증여인데 용돈이라고 말하는 경우
2. 부모님이 소득이 있어서 피부양자가 아닌 경우

이 두 가지 경우는 부모님께 드리는 용돈이 증여가 될 수 있습니다.

첫 번째 경우는 자금출처조사나 상속세 세무조사가 나온 경우 부모님께 드린 계좌이체 내역을 소명하다가 할 말이 없어서 용돈이라고 하는 경우입니다.
어떤 경우인지 상황을 가정해 보겠습니다.

부모님이 부동산을 취득하셨는데 자금 출처가 부족해서 세무조사를 받는 과정에서 계좌 내역을 보니 몇 천만 원 또는 몇 억 원이 찍혀 있었습니다. 국세청에서 해당 계좌 내역에 대해 소명을 요청을 했더니 용돈을 받은 것이라고 이야기를 합니다. 이 경우에는 실제로 용돈이 아니고 부동산을 취득하기 위한 증여금액으로 판단될 가능성이 큽니다.
그런데 이런 경우가 별로 없습니다. 부동산 취득은 보통 부모님 명의로 하지 않고 자녀 명의로 취득을 해서 증여합니다. 연세가 있는 부모님이 새로운 부동산을 자녀에게 증여받아서 취득하는 경우는 거의 없기 때문에 흔치 않은 케이스일 겁니다.

결국 부모님이 받은 자금이 용돈이라고 소명하는 경우가 많지 않을 겁니다.

상속세 조사가 나와서 계좌를 확인하는 경우도 생각해 보겠습니다. 부모님이 돌아가셔서 상속세 신고를 했더니 상속세 조사가 나왔습니다. 상속세 조사를 받는 과정에서 계좌이체 내역을 확인해 보니 부모님이 받으신 내역이 확인이 됐습니다. 우리는 부모님 생활비를 드렸다고 소명을 할 겁니다. 그러면 대부분 문제가 되지 않습니다. 만약에 국세청에서 문제를 삼고 싶더라도 부모님이 받은 증여세를 부과해야 되는데 이미 용돈을 받으신 부모님은 사망한 후입니다.

좀 더 생각해 보면 부모님께 생활비로 드렸는데 모두 쓰지 않고 남은 돈은 계좌잔액으로 남아 있을 것이고 결국 상속재산에 포함이 돼서 세금이 나옵니다. 결국 이 경우에도 부모님께 드리는 용돈은 문제가 되지 않습니다.

두 번째로 부모님이 부동산 임대 소득 등이 있어서 피부양자가 아닌데 용돈을 드리는 경우를 생각해 보겠습니다. 부모님이 여유가 있어서 고정수입이 꽤 있다면 자녀가 따로 드리는 용돈이 증여가 될 수는 있습니다. 피부양자가 아니기 때문입니다.

그런데 이 경우도 가정일 뿐입니다. 왜냐하면 부모님이 여유가 있으면 자녀나 손주들에게 증여를 하거나 용돈을 주시지 용돈을 받지는 않을 겁니다. 만약에 드리더라도 매월 드리지는 않고 명절이나 생신에 드릴 텐데 이 경우에도 증여가 아닙니다.

정리를 해보면 부모님께 드리는 용돈이나 생활비는 대부분 문제가 되지 않습니다. 아주 특이한 케이스의 경우에 용돈이 될 수는 있지만 설명드린 것처럼 흔치 않은 경우입니다. 잘 키워주신 것도 감사한데 용돈 많이 드려도 괜찮습니다.

자녀에게 주는
용돈도 증여가 될까?

외국에서는 자녀들이 고등학교 졸업할 때까지만 부모님들이 교육비 등을 부담하고 그 이후에는 본인이 학자금 대출을 받거나 일을 해서 생활비와 학비를 충당하는 경우가 많습니다. 그런데 한국에서는 자식의 교육이라면 대학생이 되더라도 모두 다 해주고 대학원, 유학 비용까지 부모가 책임지는 경우가 많습니다.

자녀에게 주는 이런 돈들도 증여 문제가 될까요?

증여는 재산적 가치가 있는 것을 무상으로 주는 것인데 쉽게 말하면 공짜로 주는 것들은 모두 증여가 될 수 있습니다.

그런데 증여세법에서 증여가 아닌 것들도 정해두고 있습니다. 사회통념상 인정되는 치료비나 생활비, 교육비, 학자금, 장학금 등은 증여가 문제 되지 않습니다.

어린 자녀를 키우기 위해 드는 용돈과 교육비 등은 당연히 증여가 아닙니다.

용돈의 경우에는 사회통념상 주는 정도라면 괜찮습니다. 그런데 이 용돈도 매주, 매월 또는 필요할 때마다 주지 않고 한꺼번에 목돈으로 주는 경우에는 증여가 될 수 있습니다.

용돈이라고 하면서도 그 자금으로 예금이나 적금을 들어주거나 주식이나 부동산 등을 매입하는 데 사용한다면 증여세가 과세됩니다.

말은 용돈이라고 하지만 주식이나 부동산을 자녀 명의로 취득하기 위한 자금의 성격이 더 강하기 때문입니다.

자금출처 조사를 받게 된 경우 자녀 명의로 주식이나 부동산을 취득했는데 용돈 모아서 주식투자했다 또는 부동산 구입자금에 일부 사용했다고 소명을 하더라도 결과적으로는 증여받아서 샀다고 보는 것입니다.

교육비의 경우 원칙적으로 부양의무가 있는 부모가 자녀의 생활비나 교육비를 부담하는 것에 대해 증여세를 부과하지 않습니다. 만약 회사를 다니는 성인자녀가 대학원을 다니는 경우 부모님이 교육비를 주는 경우 증여가 될 수 있습니다.

경제력이 있는 자녀가 유학을 간 경우 부모님이 유학비용을 부담하는 것도 증여가 될 수 있습니다. 다시 말해 자녀가 스스로 생활할 수 있을 정도로 이미 경제력이 있는 경우 부모가 그 자녀를 부양할 의무는 없는 것으로 보기 때문에 증여에 해당됩니다.

자녀에게
주식을 증여하는 경우

어린 자녀에게 경제공부, 주식공부를 시키고 싶어서 용돈을 주고 그 돈으로 주식에 투자하는 경우가 있습니다. 실제로 제 지인 분이 5년 정도 전부터 중학생 자녀가 주식을 궁금해하기도 하고 공부시켜 보고 싶어서 주식계좌를 개설해 주고 수시로 돈을 이체해 줬습니다. 수시로 이체해 준 돈을 합쳐보니 100회가 넘었고 그 돈이 쌓여서 1천8백만 원이 됐습니다.

미성년 자녀에게 증여할 수 있는 돈은 10년간 2천만 원이라고 해서 주식투자하라고 용돈을 줘도 증여가 될 수 있을 것 같아 걱정이 됩니다. 증여세가 나오지 않을 것 같지만 안전하게 증여세 신고를 하려고 하는데 어떻게 할지 모르겠습니다.

참고로 5년간 투자한 주식이 올라서 현재가치는 3천만 원 정도 됩니다.

이 경우 증여 문제가 생길까요? 어떤 문제가 생길까요?

1. 증여세 신고를 해야 할까요?
2. 증여를 얼마 받은 걸로 신고해야 할까요?
3. 100회 넘게 줬는데 준 시점을 찾아서 모두 각각 신고해야 하나요?
4. 마지막에 용돈 준 시점에 모두 합쳐서 한 번에 증여해도 되나요?

간단한 문제가 아닙니다. 기본적으로 증여세 신고는 입금을 받은 날로부터 3개월 이내에 증여세 신고를 해야 합니다. 그렇다면 100번 넘게 준 돈을 각각 증여세 신고를 해야 할까요? 맞습니다. 증여라면 줄 때마다 증여세 신고를 해야 합니다.

이제 와서 100번 넘게 준 돈을 증여할 수 없고 현재 시점에 증여세 신고를 해야 합니다.

주식투자를 하라고 준 돈 1천8백만 원에 대해서 증여세 0원으로 신고를 하면 될까요? 아닙니다.

지금 현재 주식가격 3천만 원으로 신고를 해야 하고 2천만 원까지만 공제가 가능하므로 1천만 원에 대해서는 증여세를 내야 합니다.

왜 그럴까요?

증여를 언제 했는지 그리고 증여를 얼마 했는지는 미성년자인 자녀에게 증여할 목적으로 자녀 명의 예금계좌를 개설하여 현금을 입금한 경우 그 입금한 시기에 증여받은 것으로 봅니다. 그런데 입금한 시점에 자녀가 증여받은 사실이 확인이 되지 않는다면 해당 돈을 인출하여 실제 사용하는 날에 증여받은 것으로 봅니다.

말이 좀 어렵습니다. 정리해 보면 증여한 금액은 용돈으로 준 1천8백만 원이 아니라 3천만 원이 됩니다. 늦었지만 지금이라도 증여세 신고를 하는 경우에는 자녀가 돈을 증여받은 사실이 입증되는 것이므로 증여세 신고한 이후의 주식운용 수익이나 이자수익 등에 대해서는 추가로 증여세가 과세되지는 않습니다.

지금이라도 증여세 신고를 하지 않는다면 미래에 인출하는 시점에 해당 금액에 대해 증여세를 내야 합니다.

신고유무	입금한 날	증여재산가액
증여세신고	입금을 한 날	원금
무신고	예금 또는 펀드에서 인출하여 자녀가 사용한 날	인출하여 사용한 금액 (원금+이자 또는 운용수익)

1. 증여세 신고를 해야 할까요?

답 : 증여를 받을 때마다 신고를 해야 합니다. 늦었으니 지금이라도 신고를 해야 합니다. (기한 후 신고를 해야 합니다)

2. 증여를 얼마 받은 걸로 신고해야 할까요?

답 : 현재 주식가격 3천만 원으로 해야 합니다. 인출하여 사용한 날의 금액으로 해야 합니다.

예상치 못한 증여세 폭탄을 맞지 않기 위해서는 어떻게 해야 할까요?

간단한 방법은 주식투자 금액을 줄 때 꼭 증여세를 신고해야 합니다.

'조금씩 줘서 주식투자하는 것은 증여가 아니겠지'라고 생각하다가 나중에 증여세 왕창 낼 수 있습니다. 차라리 나눠서 주지 말고 처음부터 일정 금액 증여를 해서 주식 재원으로 활용하도록 해야 합니다.

다른 방법으로 보유하고 있는 주식 자체를 증여할 수 있습니다. 상장 주식의 경우에는 전후 2개월 평균 가격으로 주식을 증여할 수 있습니다.

잊지 말아야 할 것은 주식으로 증여하더라도 증여세 신고 꼭 해야 합니다.

결혼 축의금은
부모님 꺼, 신랑&신부 꺼?

결혼하면 축의금을 받습니다. 결혼비용도 많이 올라서 축의금을 얼마를 줘야 할지 논란이 되기도 합니다. 결혼 식사비가 7만 원, 8만 원하는데 5만 원 내고 온 가족들이 하객으로 왔다고 논란이 되는 걸 보면 씁쓸하기도 합니다.

결혼하는 자녀
신혼집 전세금 보태주면 증여일까요?

결혼할 때 이래저래 돈이 상당히 많이 듭니다. 결혼 축하는 마음만으로 결혼을 하면 좋을 텐데 당장 전세금이라도 마련을 해야 하는데 쉽지 않습니다. 부모님이 여유가 있다면 자녀들 전세금이라도 보태주고 싶은 것이 대부분 부모님들의 마음입니다.

전세금은 증여가 아니라고 생각하시는 분들도 많은데 전혀 그렇지 않습니다.

받은 돈의 사용목적과 상관없이 자녀가 부모님에게 돈을 받아서 전세자금에 사용한 돈도 증여입니다.

그런데 전세금 줬다고 증여세 냈다는 소리를 많이 들어보지는 못한 것 같습니다. 문제가 많이 되지 않는 이유는 세무조사가 나오지는 않아서입니다. 한마디로 안 걸려서 증여세가 안 나온 것이지 자녀에게 전세자금을 준 것도 증여입니다.

전세자금을 자녀에게 주고 10년 이내 자금출처조사나 상속조사가 시작되면 전세금으로 줬던 돈도 당연히 증여가 문제 됩니다. 실제로 세무조사 대응을 해보면 전세금 보태주지도 못하냐고 말씀 많이 합니다. 저도 충분히 이해는 하지만 세법에서 전세금 지원해 주는 것을 증여가 아니라고 제외하고 있지는 않습니다.

축의금은
부모 것? 자녀 것?

결혼을 할 때 전세금도 이슈이지만 축의금도 증여가 될 수 있습니다. 일반적인 축의금을 증여로 보고 과세하지는 않습니다. 다만 사회 통념상 인정되는 축의금이라고 정해놨습니다.

얼마 정도가 사회 통념상 인정되는 축의금일까요? 5만 원에서 20만 원 사이라면 적정해 보입니다. 그런데 친척들은 더 많이 주는 경우가 있습니다.

예를 들어 할아버지나 할머니가 손주가 결혼을 하는데 몇 백만 원 정도 주실 수도 있습니다. 실제로 할아버지가 손주에게 400만 원 정도 축의금을 줬는데 사회통념상 인정되는 범위라고 설명한 사례가 있습니다. 좀 많지만 주는 사람 입장에서 사회통념상 인정되는 금액이라고 본 것입니다.

그렇다면 결혼할 때 받는 축의금은 누구 걸까요? 결혼은 신랑, 신부를 축하해 주는 자리고 신혼부부에게 축하금을 주는 것이니까 축의금은 신랑과 신부의 것이라고 생각할 수 있습니다.

반면 신랑과 신부의 하객도 있지만 대부분은 부모님들의 하객인 경우가 많습니다. 부모님 손님들이 와서 축의금을 주는 것이니까 부모님 것 같기도 합니다.

실제로 결혼비용은 부모님이 많이 내주시기는 하니까 축의금도 대부분 결혼비용에 충당합니다.

결혼 축의금이 누구 건지가 중요할까요?

부모님 것이라면 축의금 받아서 자녀에게 주면 증여가 될 수 있습니다. 하지만 신랑과 신부 것이면 부모님이 주신 것은 아니니까 증여는 아닙니다.

이렇게까지 해야 될까 싶지만 실제 세무조사를 받게 되면 축의금 때문에 세금이 나올 수 있습니다.

축의금을 받는 상황을 상상해 보겠습니다. 신혼부부들의 친척들이나 친구들이 축의금을 받아서 하객별로 정리를 합니다. 대부분 현금으로 받게 되는데 큰돈이니까 부모님 계좌에 입금했다가 부부들에게 주기도 하고 부부들의 계좌에 바로 입금을 합니다. 부모님 계좌에 입금을 했다가 자녀 계좌로 들어간다면 계좌 이체 내역만 본다면 증여한 것처럼 보이기도 합니다.

축의금이 누구 건지 정해놓은 판례가 있습니다. 과거 언젠가 축의금이 증여 문제가 크게 된 상황이 있었던 것 같습니다.

이 판례는 이렇게 설명을 합니다.

"신랑과 신부의 친분관계에 기초해서 결혼 당사자에게 직접 건네진 것이라고 볼 부분을 제외한 나머지는 전액 혼주의 부모님에게 귀속되는 것이다."

결국 신랑과 신부 친구 것으로 분리한 것을 제외하고 축의금은 부모님 것이라고 설명을 하고 있습니다. 축의금이 부모님 것이라면 문제가 생깁니다. 축의금의 상당 부분이 부모님 것이라고 한다면 이 축의금을 모두 신랑과 신부가 가져갔다면 부모님 축의금을 자녀에게 줬으므로 증여가 될 수 있습니다. 다만 신랑과 신부의 지인들에게 받은 축의금은 증여에서 제외됩니다.

증여세를 피하려면 어떻게 해야 할까요?

좀 번거롭겠지만 신랑과 신부의 친구들이 주는 축의금은 직접 받아서 신랑과 신부의 통장에 직접 입금을 하는 것이 좋습니다.

그렇게 하지 않으면 증여로 오해받을 수 있으니까요.
최근에는 모바일 청첩장을 많이 받는데 여기에 참석하지 못하는 사람들을 위해 계좌번호를 남겨놓는 경우도 많습니다.

이때 신랑과 신부의 계좌번호를 함께 적어두면 자연스럽게 분리가 되기도 합니다.

축의금이 많다면 부모님 하객과 신랑과 신부의 하객 리스트를 정리해놓으면 좋습니다. 이렇게까지 해야 될지 생각이 들지만 최근 세무조사는 종합적으로 확인을 하는 경우가 많아서 기회가 있을 때 자료를 정리해둔다면 불필요하게 부과되는 세금을 줄일 수 있습니다.

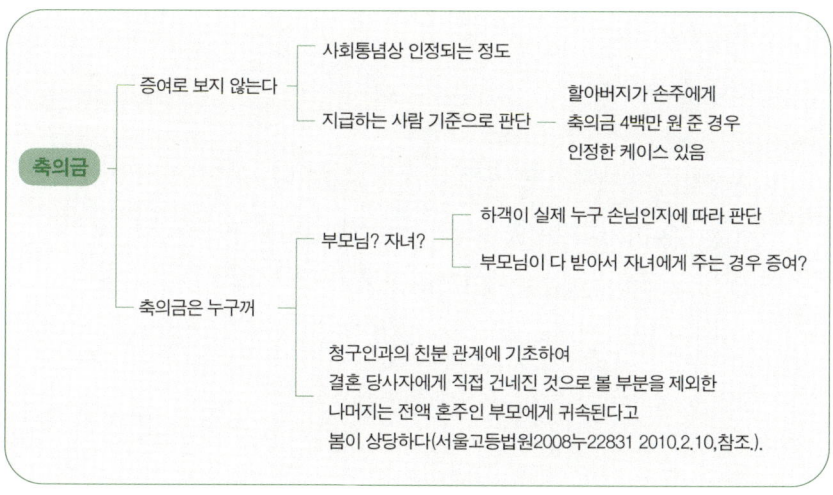

혼수용품 사줘도 증여가 될까?

혼수용품에 대해서도 증여 이슈가 있습니다. 혼수용품 역시 대부분은 증여로 보지는 않습니다. 그런데 과도한 혼수용품을 사주거나 혼수용품이라고 하고 돈을 이체했는데 실제로는 증여한 경우 문제가 됩니다.

과도한 혼수용품은 어떤 것이 있을까요?

혼수용품이라면 가구나 인테리어 비용 정도로 생각을 할 수 있는데 자동차나 집을 사주면서 혼수였다고 하는 것은 인정되지 않습니다.

혼수용품 구입대금으로 이체를 한 경우에도 해당 금액으로 혼수용품을 구입하는 데 사용했다면 충분히 설명이 되지만 전세 구입자금이나 아파트 구입자금으로 사용이 됐다면 역시 증여세가 나올 수 있습니다.

신부 측에서 혼수용품 구입자금으로 1억을 받았는데 혼수용품 구입하는 데 사용하지 않고 전세자금에 보탰다면 증여로 판단이 될 수 있습니다.

신혼부부가 자기 힘으로 전세금을 모두 충당하기 거의 불가능합니다. 부모님들이 결혼할 때 많이 도와주시는 경우가 많고 큰 자금이 이체되는 경우가 많습니다. 아파트 가격이 많이 올랐고 전셋집 얻기도 어렵습니다.

신혼집 장만을 위해 현실적으로 증여 가능 한 금액을 올려주거나 자녀 결혼자금에 대한 증여세 예외사항에 대한 논의가 있으면 좋을 것 같습니다.

지금은 세법에서 모두 증여로 볼 수 있으니 혹시 증여세가 나올 수 있지는 않나 확인을 꼭 해보셔야 합니다.

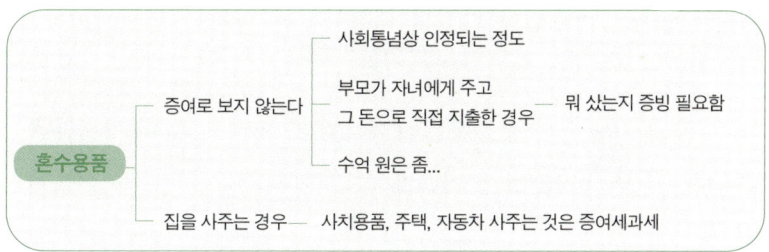

Chapter 5 생활 속 무심코 증여들

부모 자식 간 또는 부부간 부동산 매매를 하면 세무서는 우선 증여로 추정합니다.

아파트를 매매하면 주택 거래 계약 신고를 하도록 되어 있습니다. 시세보다 높거나 낮은 거래의 경우 특수관계자 간의 거래인 경우가 꽤 있습니다. 언뜻 뉴스에서도 부모와 자녀 간 부동산 거래를 해서 시세를 올려놨다는 이야기를 들을 것 같습니다. 반대로 자녀에게 부동산을 싸게 넘기기 위해서도 매매를 합니다. 물론 부모와 자녀가 또는 부부가 부동산을 매매할 수 있습니다. 그런데 흔한 경우는 아닐 겁니다.

부모와 자녀가 왜 부동산을 매매할까요? 아마도 좀 더 저렴하게 자녀에게 주기 위해서 일 겁니다.

어떤 경우일까요? 부모가 아파트를 15억 원을 주고 구입을 했는데 상승 꼭대기에서 산 것 같습니다. 점점 떨어지더니 10억 원이 됐습니다. 투자 측면에서는 실패를 한 것입니다. 아파트 가격이 떨어졌지만 팔 생각은 없습니다. 아까워서라도 팔지 않겠죠. 이때 자녀에게 증여를 생각해 볼 수 있습니다.

증여세를 계산을 해 보니 2억 원이 넘게 나옵니다. 자녀에게 증여를 하고 싶은데 증여세를 2억 원이나 내야 합니다. 그런데 생각해 보니 양도소득세는 안 나옵니다. 취득가액보다 매매가액이 높아서 양도 이익이 생겨야 양도소득세가 나오는데 오히려 손실이 났으니 양도소득세를 내지 않아도 됩니다. 그래서 자녀에게 증여보다는 매매를 하기로 합니다.

이렇게 부동산의 금액은 부동산 가격이 떨어져서 양도소득세가 나오지 않는 경우 증여보다는 매매가 유리합니다. 또는 부동산을 처음 취득했을 때보다 많이 오르지 않은 경우 증여세와 양도소득세가 계산해서 비교해 보니 매매를 하는 경우 세금이 더 적은 경우가 있습니다. 이런 경우 부모 자식 간 또는 부부간이더라도 증여로 하지 않고 매매로 하고 싶습니다.

증여와 매매의 차이는 뭘까요?

증여는 그냥 공짜로 주는 것이고 매매는 정당한 대가를 주고 사는 것입니다.

부모 자식 간에 증여가 아니고 매매를 했다고 하면 공짜로 주면 안 되고 제 3자 간 매매하는 것과 동일하게 사고팔아야 합니다.
국세청은 부모와 자녀 간 또는 부부 등 특수관계자 간의 거래를 하는 상황을 일반적이지 않다고 생각합니다. 한국만의 정서인지는 모르겠지만 부모가 자녀에게 부동산을 줬으면 줬지 돈을 받고 팔지는 않으니까요.

국세청은 부모와 자식 간에 매매를 하더라도 우선 증여로 추정을 합니다.

국세청이 증여로 추정한다는 것은 특수관계자 간에 매매를 한 경우 우선 증여로 보겠다는 것입니다. 그런데 진짜로 매매한 것이 맞는다면 우리보고 증명을 하라는 것입니다. 증여의 반대 증거가 없다면 그냥 증여로 보겠다는 것입니다.
실제로 매매했다면 매매를 증명하는 것이 어렵지는 않습니다. 부동산 매매 계약서와 매매 대금이 오고 간 이체 내역을 국세청에 확인시켜 주면 됩니다.

실제로는 이체 내역이 없는 경우가 많습니다. 국세청의 생각대로 부모 자식 간 또는 부부간 매매보다는 증여가 더 많은 이유겠죠. 매매를 했다고 하는데 서로 매매 대금을 받지 않았으니까 형식만 매매였지 증여라는 국세청 이야기가 오히려 맞는 이야기가 됐습니다. 매매라고 했는데 돈을 받지 않고 준거니까요.

특수관계자 간 거래한 것을 국세청은 알 수 있을까요?

배우자 또는 부모와 자녀 간에 주식이나 부동산 등을 거래하는 경우 국세청의 전산자료에 의해서 100% 포착이 됩니다.

증여세를 줄이기 위해서 매매로 숨겨놨다면 결국 가산세와 함께 세금폭탄이 나올 수 있습니다. 특수관계자 간에 진짜로 매매를 한다면 계약서 작성을 잘하고 이체 내역을 국세청에 소명할 준비를 미리 해놔야 합니다.

"The government taxes you when you earn, spend, save, and even when you die. Why? Because the government can."
- Robert Kiyosaki

"정부는 당신이 벌고, 쓰고, 저축하고, 심지어 죽을 때도 세금을 부과합니다. 왜요? 정부가 할 수 있기 때문입니다."
- 로버트 기요사키

Chapter 6

증여와 상속을
함께 고려해야 합니다.

증여하고 난 후
더 건강해야 합니다.

증여하기로 결정하기 전에 꼭 2가지는 알고 있어야 합니다.

첫 번째는 당장의 증여세는 얼마가 나오는지, 증여세를 줄일 수 있는 방법은 어떤 것이 있는지 알아봐야 합니다. 세금을 줄이는 것이 목표이니까요.

두 번째는 증여를 하고 나면 어떻게 되는지 알아야 합니다. 증여를 결정하는데도 골치 아픈데 증여하고 나서도 걱정을 해야 할까요? 걱정이라기보다는 증여 결정을 하기 전에 증여 이후 상황에 대해 알아두어야 할 것이 있습니다. 바로 사전증여입니다.

사전증여라는 말이 또 어렵습니다. 증여와 상속은 연관이 많으므로 함께 알아두면 좋습니다. 상속은 사망을 하면 상속재산을 남은 유족들이 받는 절차입니다. 재산을 받을 때 세금을 내는 것이 상속세입니다. 상속은 다음 세대로 부가 이전되는 것인데 이 과정에서 상속세로 어느 정도 사회 환원을 시키는데 취지가 있습니다.

과세표준	1억 원 이하	5억 원 이하	10억 원 이하	30억 원 이하	30억 원 초과
세율	10%	20%	30%	40%	50%
누진공제액	없음	1천만 원	6천만 원	1억 6천만 원	4억 6천만 원

한국의 상속세율은 최고 50%로 꽤 높습니다. 상속세를 계산했는데 상속세 세금을 부과할 대상 자산이 30억 원을 넘는다면 30억 원에 대해서는 50%의 세금을 내야 합니다. 재산의 반을 세금으로 내야 한다고 하니 어마 어마합니다.

세금 많이 내지 않으려면 미리미리 대비를 해야 합니다. 우리들은 상속세를 적게 내려고 노력을 하고 정부는 상속세를 더 걷으려고 합니다. 우리는 세금을 줄이려고 하는데 정부가 상속세가 줄어드는 것을 막기 위해 만들어 놓은 장치가 있습니다. 바로 사전증여입니다.

상속세는 사망한 사람의 재산에 대한 세금입니다. 상속세를 계산하기 위해 사망한 분의 재산을 모두 모읍니다.

사망한 사람의 재산을 모아서 상속세를 계산을 한다고 하면 어떤 생각이 드시나요? 사망하기 전에 상속재산을 줄여놓는다면 세금이 줄어들지 않을까요?

예를 들어 건강하시던 김리치씨의 부모님이 연세가 많으셔서 입원을 하셨습니다. 입원 기간이 장기간 되면서 건강에 대한 걱정도 되지만 동시에 상속세가 좀 걱정이 되기도 합니다.

상속세는 부모님 재산에 대해 세금을 내야 한다고 하니 그전에 상속재산을 좀 줄여보면 어떨까 생각이 듭니다. 김리치씨 부모님 재산 중에 살고 있는 아파트와 임대를 하고 있는 아파트 2채가 있습니다. 김리치씨 부모님이 거주하고 있는 아파트는 10억 원 정도 하고 임대하고 있는 아파트는 5억 원 정도 한다고 합니다. 김리치씨는 부모님과 상의를 해서 김리치씨에게 임대하고 있는 시세 5억 원짜리 아파트를 김리치에게 증여하기로 합니다. 증여세는 재산을 받는 사람이 내야 하므로 김리치씨가 납부했습니다.

상속세는 배우자가 있다면 기본적으로 10억까지는 세금이 나오지 않습니다. 김리치씨에게 증여하지 않았다면 김리치씨 부모님은 상속재산이 15억 원이 되고 결국 상속세를 내야 됩니다.

그런데 김리치씨에게 미리 5억 원을 증여해서 상속재산에서 제외된다면 상속재산이 10억이 됩니다. 상속이 일어나기 얼마 전에 상속재산을 줄일 수 있다면 상속세가 줄어들게 됩니다. 정부는 이걸 그냥 보고 있을 순 없습니다.

상속세를 계산하는 기준은 사망일인데 사망일 기준 일정 기한 이전에 증여한 재산은 상속재산에 포함시키기로 정해 놨습니다.

상속인의 경우에는 10년 이내 증여한 재산을 상속재산에 포함시키고 상속인이 아닌 경우에는 5년 이내 재산을 상속재산에 포함합니다. 이렇게 미리 증여를 했더라도 상속재산에 다시 포함되는 재산을 사전증여재산이라고 합니다.

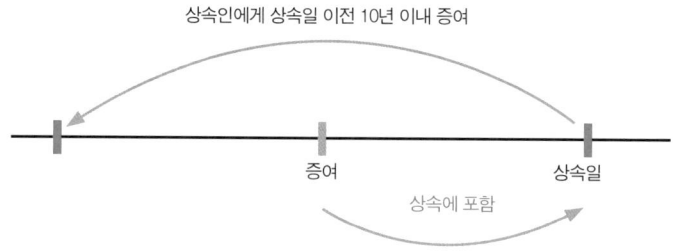

사전증여재산 =
사전(에) 증여(한) (상속)재산입니다.

상속인에게 증여한 자산	10년 이내 증여 분
상속인 외의 자에게 증여한 자산	5년 이내 증여 분

김리치씨에게 증여한 아파트가 김리치씨 부모님이 사망일로부터 10년 이내 증여했다면 김리치씨 부모님 상속세 계산을 할 때 상속재산에 포함됩니다.

아… 기간이 10년이나 됩니다.

증여를 하고 나면
최소한 10년은 더 건강하셔야 합니다.

우스갯소리로 증여하면 마음대로 돌아가시면 안 된다고 합니다.

상속인 이외의 자는 5년이라고 하는데 상속인 이외의 자는 누군지 궁금합니다. 케이스에 따라서 상속을 받는 순위가 있는데 대부분은 배우자와 자녀들이 1순위 상속인입니다.

만약 배우자와 자녀가 없다면 다음 순위로 가는데 좀 복잡해집니다.

그렇다면 상속인 이외의 자는 누구일까요? 대표적으로 며느리와 사위, 손자와 손녀가 있습니다. 자녀에게 증여를 하고 며느리와 사위에게도 증여를 한 경우 자녀에게 증여한 재산은 10년 이내 했다면 상속재산에 포함이 되지만 며느리와 사위에게 증여한 것은 5년 이내 증여한 재산을 상속재산에 포함합니다.

그래서 며느리와 사위에게 증여를 하자고 절세 컨설팅을 하기도 하는데 자녀에게 증여하지 않고 며느리와 사위에게만 증여하기로 결정하기가 정서상 쉽지는 않은 것 같습니다.

정리하자면 증여를 하더라도 10년 이내 상속이 시작된다면 상속세가 줄어들지 않으므로 증여는 되도록 빨리하는 것이 좋습니다.

증여는 장기 계획을 짜는 것이 참 중요합니다.

증여가 효과가 있다면 얼마나 줄어들까요?

이번에는 김리치씨 부모님 재산이 시세 15억 원 거주하는 아파트 한 채와 임대하는 시세 5억 원 아파트 총 2채가 있는 경우 생각해 보겠습니다.

김리치씨에게 증여를 하지 않았다면 김리치씨 부모님은 총 상속재산이 20억 원이고 상속 공제 10억 원이 가능하다면 상속재산 10억 원에 대해 상속세가 약 2억 4천만 원 나옵니다.

반면, 5억 원을 미리 증여를 하면 상속재산이 15억 원으로 줄어들고 동일한 조건이라면 상속세가 약 9천만 원이 나옵니다.

증여를 한 경우와 하지 않은 경우 상속세 차이가 꽤 납니다. 구체적으로 계산을 한번 해보겠습니다.

세금비교	사전증여 전	사전증여 후
상속재산	2,000,000,000원	1,500,000,000원
일괄공제	500,000,000 원	500,000,000원
배우자공제	500,000,000원	500,000,000원
상속세과세대상	1,000,000,000원	500,000,000원
세율	30%	20%
상속세	240,000,000원	90,000,000원

사전증여 재산을 상속재산에 포함을 시키는 진짜 이유는 세율이 차이 때문입니다.

과세표준	1억 원 이하	5억 원 이하	10억 원 이하	30억 원 이하	30억 원 초과
세율	10%	20%	30%	40%	50%
누진공제액	없음	1천만 원	6천만 원	1억 6천만 원	4억 6천만 원

증여세와 상속세율 한 번 더 살펴보겠습니다. 상속세율은 상속재산이 많아질수록 높아집니다.

최대 50%의 세율이 적용이 됩니다. 다시 이야기하지만 만약 상속재산을 낮출 수만 있다면 낮은 세율을 적용받을 수 있으므로 결과적으로 세금이 줄어듭니다.

김리치씨의 경우에는 사전에 증여하지 않고 20억 원을 상속을 받는다면 10억 원을 상속 공제를 받아도 10억 원에 대해 30%의 세율이 적용됩니다. 그런데 5억 원이라도 증여를 미리 하면 총 상속재산 15억 원에서 10억을 차감한 5억 원에 대해 상속세를 내면 되므로 20%의 세율이 적용이 됩니다.

사전증여를 하지 않고 상속을 받는다면 30%의 세율이 적용이 됐지만 증여를 미리 했다면 20%의 세율이 적용이 돼서 결과적으로 상속세가 줄어듭니다.

예리하신 분들은 이상한 점을 발견하셨을 것 같습니다. 미리 증여한 재산에 대해서 증여세를 냈는데? 이런 생각이 드셨나요?

세율 차이가 나는건 알겠는데 증여세를 이미 냈습니다. 김리치씨는 부모님한테 5억 아파트를 받으면서 약 8천만 원 정도 세금을 냈습니다. 이 세금을 상속세 계산을 할 때 차감해서 정산을 합니다.

다음 페이지에서 같이 계산을 해보겠습니다.

실제 사전증여를 해서 얼마나 세금이 줄어드는지는 사전증여 전후 총 세금을 비교해 봐야 합니다. 김리치씨의 경우 사전증여하기 전에는 2억 4천만 원의 세금(a)이 나왔지만 사전증여를 했더니 상속세 9천만 원(b)과 증여세 8천만 원(c)을 합한 1억 7천만 원의 세금이 나옵니다.

결과적으로 이 차이 7천만 원의 세금이 줄어들었습니다.

상황	사전증여 전	사전증여 후	
세금	상속세	상속세	(미리낸)증여세
상속,증여	2,000,000,000원	1,500,000,000원	500,000,000원
공제	500,000,000원	500,000,000원	50,000,000원
배우자공제	500,000,000원	500,000,000원	
과세대상	1,000,000,000원	500,000,000원	450,000,000원
세율	30%	20%	20%
상속세	(a)240,000,000원	(b)90,000,000원	(c) 80,000,000원

증여를 해서 상속재산을 줄이려면 증여하고 10년이 지나야 합니다. 숫자로 보니까 꽤 많이 줄어드는 것이 확인되시나요? 상속세율이 높아서 그렇습니다.

증여를 미리 해서 세금을 줄이려면 상속재산에 포함이 되면 안 됩니다. 다시 말하면 증여하고 10년이 지나서 사전증여재산에 포함이 되지 않아야 7천만 원의 세금이 줄어듭니다.

증여를 했는데, 10년 이내 상속이 시작된다면?

내용이 어려우니 여기까지 복습을 잠깐 해보겠습니다.

(1) 상속세를 줄이려면 증여를 미리 해야 합니다.

(2) 다시 말하면 증여를 하고 최소한 10년은 건강해야 증여한 재산이 상속재산에 포함되지 않습니다. (사전증여재산이 상속재산에 포함되지 않습니다.)

(3) 세금이 얼마나 줄어드는지 알기 위해서는 상속세와 증여세 모두 고려를 해야 합니다.

이번에는 증여를 하고 10년 이내에 사망을 해서 상속이 시작된 경우 세금이 어떻게 되는지 알아보겠습니다.

상속세 계산할 때 상속인에게 10년 이내에 증여한 증여재산을 다시 포함을 시킵니다. 상속세를 줄이기 위해 증여를 하면 미리 증여한 재산을 다시 상속재산에 포함시켜서 세금을 계산한다는 것은 알았는데 이상한 것이 있습니다. 아파트 5억 원을 증여받았을 때 증여세를 냈습니다. 증여세를 냈는데 상속세 계산할 때 또 포함시킨다면 세금을 2번 내는 게 아닐까요?

김리치씨가 5억 원을 증여를 받고 세금을 약 8천만 원을 냈는데 상속재산에 왜 5억 원을 또 포함을 시키면 상속세 이중으로 내는 게 아닐까요? 상속재산에 증여재산을 포함해서 세금을 계산하면 증여세도 내고 다시 상속세도 내야 될까요?

증여세도 내고 상속세도 내니까 2번 내는 게 맞습니다. 그래서 먼저 낸 증여세를 상속세에서 차감해 줍니다. 우리가 예뻐서 해주는 게 아니라 증여세 낸 것을 정산을 하는 것입니다.

증여한 후 10년 이내 김리치씨 부모님이 사망한다면 상속재산에 증여했던 5억 원이 상속재산에 다시 포함되고 결국 2억 4천만 원의 상속세를 내야 합니다.

미리 증여한 5억 원이 상속재산에 포함이 된다면 김리치씨는 증여할 때 증여세 8천만 원은 이미 냈는데 어떻게 해야 할까요? 세금을 또 내야 한다면 2번 내는 꼴이 됩니다. 그래서 이미 냈던 증여세는 사전증여에 포함된 상속세를 계산할 때 빼고 계산을 합니다.

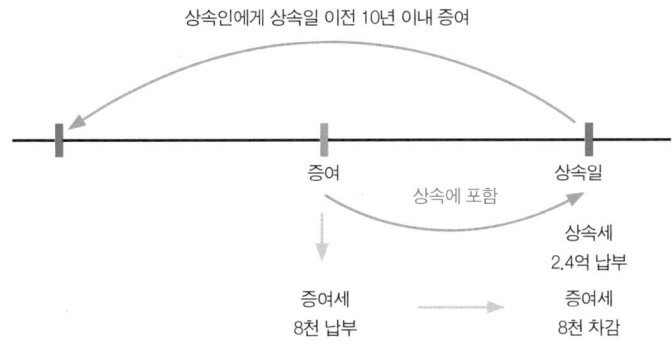

복잡해졌으니 정리를 해보겠습니다. 김리치씨 부모님은 거주하는 15억 아파트와 임대하는 아파트 5억짜리 총 2채를 갖고 있었습니다. 사망 전에 5억 아파트를 김리치씨에게 증여를 했습니다. 김리치씨는 아파트를 증여를 받을 때 증여세 신고를 하고 증여세 8천만 원을 납부했습니다.

그런데 김리치씨 부모님이 5년 후 사망을 했습니다. 사망 시점에 남은 상속재산은 김리치씨 부모님 명의의 15억 아파트가 있습니다.

15억만 상속받는 경우 상속 공제 10억 원을 차감하고 세금은 9천만 원이 나옵니다. 그런데 10년 이내 상속인 김리치씨에게 증여한 5억 아파트가 사전증여재산으로 포함이 됐습니다. 상속재산 20억 원에 대해 상속세를 내야하고 2억 4천만 원의 세금이 나옵니다.

한 가지 더 고려 해야 할 것은 5년 전 김리치씨가 5억 아파트를 증여받을 때 냈던 증여세를 8천만 원이 있습니다. 미리 낸 증여세를 고려하지 않는다면 상속세 2억 4천만 원을 내고 예전 증여세 8천만 원도 냈으므로 총 3.2억 원의 세금을 내게 됩니다. 상속세 계산을 할 때 2억 4천만 원에 증여받을 때 냈던 8천만 원을 차감한 1억 7천만 원의 상속세를 신고하고 납부를 하면 됩니다.

1. 사전증여를 하지 않은 경우ⓐ : 상속세 2.4억 원
2. 사전증여를 하고 10년 이내 사망을 한 경우 : 2.4억 원
   : 상속세 2.4억 중 사전증여할 때 증여세 8천만 원은 차감
3. 사전증여를 하고 10년 이후 사망을 한 경우 : 9천만 원

복잡하게 돌아왔지만 증여재산만 따로 떼서 보면 결과적으로 김리치씨는 증여세율 20%를 적용받았는데 사전증여재산이 상속재산에 포함이 돼서 30%의 세율이 적용되게 되었습니다. 높은 세율을 적용하기 위한 정산의 개념입니다.

핵심은 상속세를 적게 내기 위해서는 증여를 하고 10년이 지나야 합니다.

증여를 빨리하고 더 건강해야 세금을 줄일 수 있습니다.

혹시라도 복잡한 숫자가 있어 이해가 되지 않는다면 그냥 읽고 흘려버리셔도 좋습니다.

우리는 핵심만 알고 있으면 됩니다. 지금 이 책을 읽고 있는 목적은 세금 계산을 직접 해서 신고하는 것이 아닙니다.

사전증여라는 것이 있고 증여를 빨리해야 상속세를 줄일 수 있구나!

이렇게 알고 계시면 됩니다.

제 책을 읽으셨으니 10년 추가로 기억하시면 좋습니다.

상속할 때 10년 이내 증여재산을 포함시키는구나!

이 정도면 일반 상식보다 훨씬 많이 알고 있는 겁니다.

"I don't think a wealth tax makes sense - it's really not the billionaires that are the problem, it's the politicians who are misusing the money."
- Elon Musk

"저는 부유세가 이치에 맞지 않는다고 생각합니다. 문제는 억만장자가 아니라 그 돈을 잘못 사용하는 정치인들입니다."
- 엘론 머스크

Chapter 7

나는 평생
세무조사받을 일 없다?

나는 세무조사받을 일 없다?
(자금출처 조사)

돈 많은 사람들이나 세무조사 받는 거지,
우리 같은 서민이 돈 좀 이체하거나 전세 몇 억 정도 가지고 세무조사가 나오겠어?

이렇게 생각하는 분들이 많습니다. 서민인지 판단하기 어렵기는 하지만 어느 정도는 맞는 말입니다. 솔직히 세무조사가 쉽게 나오지는 않습니다.
그런데 세무조사 대상을 선정할 때 개인이 갖고 있는 재산이나 절대적 금액으로 서민인지 부자인지 나누지 않습니다. 다시 말해 세무조사는 사람을 보고 나오지 않습니다. 그러면 언제 나올까요?

개인들의 세무조사는 구체적인 사건이나 이벤트가 일어난 경우 세무조사가 나올 수 있습니다.

자산을 취득하거나 부모님이 돌아가셔서 상속이 시작되는 경우 과거 10년간의 계좌 내역을 조사할 수 있습니다.

더 문제는 이 정도는 증여가 아니라고 스스로 생각을 하고 세금과 상관없다고 생각을 하고 무심코 이체를 하거나 재산을 이전했는데 언젠가 세무조사가 시작이 되면 대처가 안된다는 것입니다.

내가 생각하는 상식으로 증여가 아니라고 생각했는데 실제로는 증여가 되는 경우도 많기 때문입니다.

"자녀 전세금 2억 원, 3억 원 정도는 줘도 문제없어!"
"남들 다 자녀한테 보태 주는 데 자녀 전셋집도 못 도와주겠어?"

하고 스스로 판단을 하고 이 정도는 괜찮다고 생각하고 증여인지 모르는 경우가 많습니다.

증여가 아니라고 생각했는데 국세청은 증여세를 부과할 수 있다면 어떻게 해야 할까요?

세무조사를 받을지, 조사를 받는다면 언제쯤 받을지 예측할 수 없으므로 평소에 증여인지 아닌지를 세금 상식 수준에서 알고 있다면 미래에 닥칠지도 모를 세금폭탄을 크게 줄일 수 있습니다.

법인이나 사업체가 아닌 개인들을 대상으로 하는 세무조사는 양도소득세, 증여세 및 상속세가 일반적입니다. 그중에서 부동산이나 주식 등 재산을 취득하는 경우 자금출처조사가 나오는 경우가 있습니다.

쉽게 말하면 부동산을 취득한 사람이라면 누구라도 자금출처조사의 대상이 될 수 있습니다. 부동산을 취득할 능력이나 소득이 없는 사람인데 재산이 늘어났다면 누군가로부터 특히 부모에게 도움을 받았는지를 파악해 보는 조사입니다. 자금출처 조사는 대부분 증여나 상속에 관한 사항을 확인합니다.

자금출처조사는 어떤 사람이 재산을 취득하거나 부채를 상환을 했는데 그 사람의 직업, 나이, 그동안 납부했던 세금과 소득, 재산 상태 등으로 보아 스스로의 힘으로 재산을 취득하거나 부채를 상환했다고 보기 어려운 경우, 세무서에서 취득하거나 상환한 자금의 출처를 알려달라고 하는 것이고 만약 설명을 하지 못한다면 증여받은 것으로 추정을 하고 증여세를 부과하는 것입니다.

사회 초년생 김리치씨가 서울에 아파트를 구입을 했습니다. 국세청은 매년 김리치씨의 소득신고자료를 갖고 있으므로 김리치씨에게 연락을 하지 않아도 서울 아파트를 구입할 수 있는지 파악해 볼 수 있습니다.

국세청이 자료를 분석해 보니 재산을 취득한 사람의 직업, 연령, 소득 및 재산 상태 등으로 볼 때 재산을 자기 힘으로 취득했다고 인정하기 어려워서 김리치씨에게 연락을 합니다. 서울 아파트 구입내역에 대해 설명을 해달라는 것입니다.

국세청에서 연락이 오기 전에 김리치씨는 서울에 있는 아파트를 구입할 때 자금조달 계획서를 작성하는 경우도 있습니다.

투기과열지구와 조정 대상지역의 경우 주택가액과 무관하게 자금조달 계획서를 작성해서 시청이나 군, 구청에 제출을 합니다. 보통은 아파트 매매할 때 공인중개사에게 전달을 하면 인터넷으로 제출을 해줍니다. 자금조달 계획서를 작성할 때 증여가 있었다면 내용을 적고 세무서에 세금을 신고하고 납부도 해야 합니다.

자금출처조사가 나와서 국세청이 김리치씨에게 서울 아파트 취득한 자금에 8억 대해 설명을 해달라고 했는데 5억 정도 제대로 설명이 되지 않는다면 어떻게 될까요? 만약 김리치씨가 부모님한테 이체 받은 내역도 확인이 안된다면 어떻게 해야 할까요?

국세청이 김리치씨가 받은 증여 금액을 밝혀내야 할까요? 그렇지는 않습니다. 아파트 취득 자금 중에 설명되지 않는 5억 원은 증여로 봅니다.

재산을 취득한 자금 출처를 밝혀야 하는데 일정 부분 이상 자금을 어떻게 취득했는지 설명이 불가능하다면 해당 부족금액은 증여를 받았다고 봅니다. 다시 말해 증여가 아니라는 것이 입증되지 않는 한 증여로 보겠다는 것입니다.

좀 억울해 보이지만 증여가 아니라는 것을 설명하지 못하는 김리치씨의 잘못이기도 합니다.

다만, 입증되지 않는 금액이 취득하는 재산의 20%의 금액과 2억 원 중 적은 금액보다 적다면 증여세를 부과하지는 않습니다.

김리치씨의 경우에는 8억 원의 20%인 1.6억과 2억 중 적은 금액인 1.6억 원 정도는 입증하지 못한다면 증여세가 나오지 않겠지만 그보다 큰 5억 원에 대해서 설명을 못하고 있으므로 안타깝지만 증여세가 5억 원에 대해 부과됩니다.

구분		취득재산		채무상환	총액한도
		주택	기타자산		
세대주	30세 이상	1억 5천만 원	5천만 원	5천만 원	2억 원
	40세 이상	1억 원	1억 원		4억 원
비세대주	30세 이상	7천만 원	5천만 원	5천만 원	1억 2천만 원
	40세 이상	1억 5천만 원	1억 원		2억 5천만 원
30세 미만		5천만 원	5천만 원	5천만 원	1억 원

국세청이 자금 출처에 대해 무작정 조사를 하는 것은 아닙니다. 직업, 연령, 소득, 재산 상태를 고려해서 일정 금액 이하인 경우에는 증여로 보지 않습니다.

표에 있는 금액 이하인 경우에는 증여로 보지 않고 출처를 물어보지도 않습니다. 오해하지 말아야 할 것은 자금 출처 금액에서 위 금액을 증여받은 금액에서 빼주는 것은 아닙니다.

김리치씨가 40대인데 3억 원의 아파트를 구입했다면 자금출처 조사의 대상으로 보지는 않습니다. 10억 원의 아파트를 구입했는데 만약 아파트 취득 자금에 대한 출처를 입증하라고 했는데 못했다고 10억 원에서 3억 원을 빼주지는 않습니다. 밝히지 못한 금액 모두에 대해 증여세가 부과될 수 있습니다.

표에 나온 금액은 자금출처조사의 대상을 처음 확인할 때 조사를 선정하는 금액 기준 정도로 참고삼아 보시면 됩니다.

취득 자금 이외에 직접적으로 증여받은 내역이 확인이 된다면 위의 금액과 상관없이 증여세 과세대상이 됩니다.

최근에는 세무조사할 때 종합적으로 확인해 보는 추세입니다.

최근 자금출처조사는 종합적으로 보는 추세입니다. 과거에는 김리치씨의 연 소득이 5천만 원이었고 회사에 취직한지 4년 되었다면 5천만 원을 4년간 벌어서 2억 원 정도 있었다고 설명을 하면 인정을 해주기도 했습니다.

과거 : 연 소득 5천만 원 * 4년 = 2억 원 Ok!
최근 : 아파트 어떻게 샀는지 이체내역 보여주세요!

최근에는 연간 소득 금액에서 신용카드 사용내역을 차감하고 남은 돈을 확인합니다.

| **님 조사대상기간 자금운용에 대한 자금출처 소명준비자료 |

(백만 원)

자금 운용		자금 원천	
자금사용내역	금액	자금원천내용	금액
합계	2,735	합계	2,135
부동산 취득	2,000	부동산 양도	700
주식 취득	50	주식매도	-
금융자산 증가	-	기초 금융자산	-
임차보증금	15	근저당 채무 발생	380
임대 보증금반환	400	임대보증금발생	900
신용카드 등 사용	70	소득금액	155
근저당 상황	200	기타(보험료 등)	-
자금 출처 부족액 : 600			

(소명하실 사항)
- 조사대상기간의 자금운용에 대한 자금원천 소명
ㄱ. 조사대상기간 부동산 취득 및 양도 관련 매매계약서 및 금융증빙(지급 및 수령내역)
ㄴ. 조사대상기간 매연도말 계좌별 예금잔액증명서(예금거래내역이 아님)
ㄷ. 근저당채무의 경우 해당 부채잔액증명원 및 이자자금내역(조사대상기간 발생 및 소멸기준)
ㄹ. 근저당외 채무의 경우 관련 차입계약서, 원금 및 이자 상황 관련 증빙서류
ㅁ. 조사대상기간 보험료 납부 내역 및 수령 내역
ㅂ. 신용카드 및 기타 자금운용에 대한 자금 원천 입증할 수 있는 서류

    순수하게 취득 자금을 어떻게 조달을 했는 지 이체내역 등으로 확인을 합니다. 해당 자산의 취득 내역만 확인하지 않고 3년에서 5년간 신용카드 사용내역, 자동차 구입내역, 부채 상환, 보험 가입 내역 등 모든 자금을 종합적으로 확인합니다.

실제로 자금 출처 세무조사 대응을 했던 소명 사항 입니다. 국세청의 공무원이 확인을 요청했던 내역인데 꼭 이런 양식으로 자료 요청을 하는 것은 아니지만 내용은 비슷합니다.

세무서가 확인한 자금의 원천과 그 자금으로 취득한 자산들을 모두 설명해달라고 요청이 왔습니다. 이렇게 실제 자금 출처 세무조사는 생각보다 자세하게 이뤄집니다. 갈수록 국세청의 자료 분석이 더 세밀해지고 있습니다. 우리는 더욱더 자산을 취득하거나 자금이 이체될 때 평소에도 증여 문제는 없는지 생각해 봐야 합니다.

국세청이 갖고 있는 자료들은 우리가 세무서에 신고한 자료들입니다. 우리가 세금을 신고하면 국세청은 여러 가지 세금 관련 자료를 갖고 있습니다.

바꿔 생각하면 신고를 한 금액들은 국세청이 이미 소득을 파악하고 있으므로 증여받았다고 생각하지 않습니다. 신고한 소득으로 자산을 취득했다고 생각을 할 겁니다. 그런데 그 소득으로 자산을 취득했다고 보기 어려운 경우 조사가 나올 확률이 커집니다. 국세청의 자료로 분석을 해보면 자산을 취득한 내역을 알 수가 없으니까요.

국세청은 어떤 자료들을 갖고 있을까요?

대표적으로 매년 세무서에 신고한 소득 금액들, 증여나 상속을 받고 신고한 금액, 재산의 처분 대가로 받는 금액들은 세무서도 알고 있는 돈입니다. 재산을 취득하거나 부채를 상환할 때 이미 세금신고했던 소득 금액을 파악해 보는 것도 좋습니다.

똑똑하게 소득자료를 역으로 이용해 볼 수 있습니다. 부동산 취득 자금 중 일부를 증여를 받았고 어느 정도 이상 증여로 신고한다면 세무조사가 나오지 않을 수 있습니다. 세무서도 이미 자산 취득금액을 전산으로 맞춰 볼 수 있으니까요.

부동산 취득금액의 80%를 초과하는 금액이거나 10억 초과하는 재산인 경우 2억 초과하는 금액에 대한 소득자료가 이미 세무서에 신고한 자료로도 충분하다면 세무조사 대상자로 선정되는 것을 피할 수 있습니다.

"In France, taxes account for 46 percent of GDP. Wealthy people just leave and don't invest. France doesn't attract capital. You can't have growth without capital."
- Bernard Arnault (CEO of LVMH)

"프랑스에서는 세금이 GDP의 46%를 차지합니다. 부유한 사람들은 그냥 떠나고 투자하지 않습니다. 프랑스는 자본을 유치하지 않습니다. 자본 없이는 성장할 수 없습니다."
- 베르나르 아르노(LVMH CEO)

Chapter 8

쪼금 어렵지만 알아두면 좋은 증여들

시세보다 낮게 또는 높게
거래하는 경우

부부간 또는 부모와 자녀 간 부동산 등을 매매를 할 때 주의할 점이 또 있습니다. 바로 얼마로 매매를 할지가 문제가 됩니다.

부부간 또는 부모와 자녀 사이 등 특수관계자 간에 부동산 거래를 시가보다 낮게 또는 높게 거래를 하는 경우 증여세가 나올 수 있습니다.

김리치씨의 부모님이 아파트를 두 채 보유하고 있습니다. 근처 부동산에 아파트 매매 얼마 정도 하는지 물어보니 지난달에 10억 원에 매매된 아파트가 있다고 합니다.

그런데 김리치씨가 갖고 있는 돈은 5억 원밖에 없었습니다. 김리치씨 아버지도 자녀에게 10억 원을 다 받을 생각은 없었습니다. 5억 원에 매매하기로 하고 아파트 매매계약을 하고 아파트 등기를 김리치씨에게 넘겼습니다.

김리치씨는 시세 10억 원 아파트를 5억 원에 구입할 수 있었으므로 5억 원만큼 이익을 봤습니다. 국세청은 이렇게 특수관계자 간에 일부러 낮은 금액으로 매매하는 경우 이익을 본 김리치씨가 부모로부터 증여를 받은 것으로 보고 세금을 부과합니다.

그런데 시세 10억이더라도 주위 시세일 뿐이지 실제 거래는 다른 사람들과 거래를 하더라도 급하게 거래를 한다면 저렴하게 매매를 하기도 합니다. 이런 상황까지 국세청은 고려를 합니다.

시가와 매매 대가의 차액이 시가의 30% 또는 3억 원 이상인 경우 증여받은 이익으로 계산을 합니다.

김리치씨 아버지 아파트는 10억 원이었고 시세 10억 원의 30%인 7억 원보다 더 저렴한 5억 원에 매매를 했다면 그 차이 금액 2억 원은 증여한 것으로 봅니다.

다시 말해 10억 원에서 3억 원을 뺀 7억 원 정도는 아무리 급매여도 팔리는 금액이고 이 금액과 김리치씨와 매매한 5억 원의 차이 2억 원은 증여를 받은 것으로 보고 증여세를 부과합니다.

김리치가 증여받은 금액 =
시가 10억 원 - 5억 원 - Min(시가 30%, 3억 원) = 2억 원

시세보다 너무 낮게 팔면 김리치씨 아버지도 문제가 생깁니다. 10억 원 아파트를 5억 원에 팔았으니 양도소득세가 적게 나왔습니다. 원래 10억 원에 팔았으면 양도소득세가 많이 나왔을 텐데 일부러 낮은 금액으로 팔아서 세금이 적게 나왔기 때문입니다. 세법에서는 이런 상황을 부당한 행위라고 판단을 합니다. 부당하게 세금을 줄인 행동이라는 의미입니다.

시가와 매매 대가의 차이가 10억 원의 5% 또는 3억 이상인 경우 세금을 부당하게 낮춘 것으로 보고 세금을 부과합니다.

김리치씨의 아버지는 10억 원 아파트 5%인 9억 5천만 원이므로 이 금액보다 낮은 금액으로 매매를 한 것은 부당하게 매매한 행위로 판단을 하고 양도소득세를 부과합니다.

김리치 아버지 양도소득금액 재계산

기존 양도차익 : 5억 원 - 취득금액

부당 양도차익 : 9.5억 원 (시가 5%, 3억내외) - 취득금액

김리치씨는 증여세를 내고 김리치씨의 아버지는 양도소득세를 내야 합니다.

정상적으로 매매를 하지 않았기 때문에 정상적인 상황에서 세금을 다시 계산하겠다는 것입니다.

내가 싸게 팔겠다는데 무슨상관이지?

라고 생각할 수 있습니다. 하지만 편법 증여의 수단으로 악용되는 경우가 많아 세법에서 관련 규정을 두고 있습니다. 세금폭탄을 맞지 않으려면 부부나 부모와 자녀처럼 특수관계자 간에 매매 거래가 있는 경우 대가를 지급한 사실을 금융자료 등 객관적인 자료로 입증을 해야 합니다. 또한 세금을 부당하게 줄인 경우 세금이 나올 수 있으므로 시세를 제대로 파악하고 거래를 해야 합니다.

배우자나 자녀 등에게 증여한 재산을 10년 이내 양도할 때 (이월과세)

김리치씨는 20년 전에 1억 원에 샀던 토지를 지난달에 배우자에게 증여를 했습니다. 증여할 때 토지 시세는 5억 원이라서 증여재산 배우자공제 한도 6억 원 미만이라 증여세는 나오지 않았습니다. 증여세가 나오지 않아도 증여세 0원으로 신고는 했습니다.

최근에 2년 전 아내에게 증여한 토지를 팔라고 연락을 받았습니다. 주변 시세로 계산해서 7억 원 정도에 값은 제대로 쳐준다는 이야기였습니다. 토지 가격이 많이 올라서 좋기는 했지만 세금이 걱정이었습니다. 토지를 매매하기 전에 양도소득세를 계산해 보려고 김 세무사에게 양도소득세를 의뢰했습니다.

김리치씨의 아내는 김 세무사에게 뜻밖에 이야기를 들었습니다. 양도소득세는 매매가액과 취득가액 차이에 대해 내는 세금이어서 매매가액 7억 원과 증여받은 금액 5억 원 차이인 2억 원에 대해 양도소득세를 낸다고 생각했는데 김 세무사의 이야기는 그렇게 간단하지 않다는 것이었습니다. 증여 후 이월과세라는 것을 적용해서 세금을 비교해 봐야 한다는 것이었습니다.

증여 후 이월과세는 배우자 또는 직계존비속으로부터 증여받은 토지, 건물, 특정 시설물 이용권을 증여받은 후 10년 이내 양도를 하면 증여자가 취득한 시점의 취득가액을 반영하여 양도소득세를 계산해 보고 증여받은 시점의 양도소득세와 비교하여 큰 금액을 세금으로 납부하는 것입니다.

이 경우 A와 B의 양도소득세를 비교해서 큰 세금을 내야 합니다.

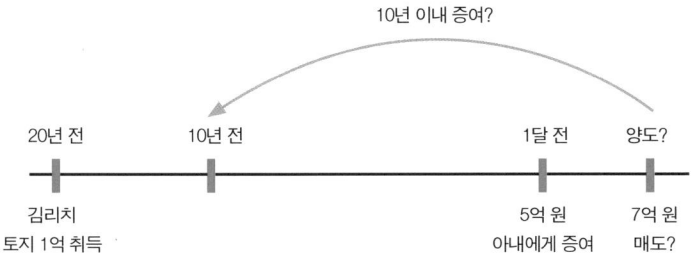

A. 매매가액 7억 원과 20년 전 권성주씨가 취득한 1억 원의 매매차익 6억 원에 대한 양도소득세 (7억 원 - 1억 원 = 6억 원)

B. 매매가액 7억 원과 아내가 증여 받은 5억 원의 매매차익 2억 원에 대한 양도소득세(7억 원 - 5억 원 = 2억 원)

보통의 경우 A의 경우가 세금이 더 많이 나옵니다. 양도소득세가 생각보다 몇 배는 더 나오는 상황이 됐습니다. 김리치씨와 아내의 경우처럼 배우자나 부모로부터 증여받은 재산을 10년 이내에 양도를 하는 경우 양도소득세 계산을 할 때 세금이 많이 나올 수 있습니다.

이렇게 복잡하게 계산을 하는 이유는 증여를 이용해서 세금 줄이려는 것을 막기 위해서입니다. 오래전에 산 부동산을 매매를 하기 전에 배우자 증여공제 등을 이용하여 증여를 하면 증여세는 나오지 않고 취득가액만 높일 수 있습니다.

배우자 증여 가능 금액 6억 원 한도 내에서 증여를 하면 부동산의 취득가액을 높여 놓을 수 있고 결국 나중에 팔 때 양도소득세를 상당 부분 아낄 수 있습니다.

증여를 하고 매매를 하는 것이 나름의 절세 방법일 수 있지만 국세청은 이런 꼴을 가만히 보고만 있지 않았습니다.

매매하기 전에 증여를 통해 세금이 엄청 줄어드는 상황은 절세가 아니라 편법이라고 생각하는 것입니다.

양도소득세가 줄어드는 것을 막기 위해 법으로 양도소득세가 실제로 줄어드는지 비교해 보도록 규정을 만들어 놨습니다. 매매시점을 기준으로 최소한 10년 이내 증여한 재산은 최초 증여한 시점의 취득가액을 고려한 양도소득세를 계산하도록 해서 세금을 편법으로 낮추는 것을 막기 위한 법이 만들어졌습니다.

개인적인 생각이지만 편법을 막겠다는 취지는 좋지만 10년은 너무 길기는 하네요. 간혹 이런 규정을 모르고 증여받은 토지를 덥석 팔았다가 세금이 왕창 나오는 경우가 있습니다. 배우자 또는 직계존비속으로부터 토지, 건물, 특정 시설물 이용권을 증여받은 경우 가급적이면 증여받은 날로부터 10년이 지난 후에 양도해야 합니다.

증여받은 부동산을 매매할 계획이라면 매매하기 전에 꼭 양도소득세 얼마나 나오는지, 줄일 수 있는 방법 있는지 세무사와 상담하셔야 합니다.

부담부증여
부담(부채)이 있는 증여?

김리치씨 부모님은 아파트를 2채를 보유하고 있는데 한 채는 거주를 하고 있고 한 채는 전세를 주고 있습니다. 전세로 임대를 하고 있는 아파트를 자녀인 김리치씨에게 증여하고 싶은데 또 세금이 걱정입니다.

증여를 하는 상황에 따라 2가지 경우를 생각해 보겠습니다.

첫 번째는 지금은 전세로 임대를 하고 있지만 세입자가 다음 달에 나갈 계획이라고 합니다. 김리치씨 부모님은 임대를 종료하고 아파트를 김리치씨에게 주려고 합니다.

아파트에 대출도 없고 전세보증금도 없는 상태로 김리치는 아파트를 부채 없이 증여를 받을 수 있습니다.

김리치씨가 아파트를 증여받고 나중에 전세 임차인이 나갈 때 부모님이 전세금을 내주기로 한 경우에도 아파트를 그대로 자녀에게 증여를 하게 됩니다. 두 경우 모두 김리치씨는 전세금이나 대출을 인수받지 않고 아파트만 증여를 받았습니다.

두 번째는 김리치씨가 아파트 전세 계약을 승계 받고 나중에 임차인과 전세 계약이 종료되는 경우 김리치씨가 전세금을 내주기로 하는 경우입니다. 전세금이 아니더라도 아파트에 김리치씨의 부모님 명의 담보대출이 있는 경우 이 대출을 김리치씨가 승계를 받아서 나중에 부동산 담보 대출을 갚기로 하고 증여를 받는 경우가 있습니다. 이 경우에는 김리치씨가 전세금 또는 대출금이라는 부채와 함께 증여를 받습니다.

두 번째 경우를 부담부증여라고 합니다. 부담부증여라는 말이 어렵습니다. 부담을 떠안기로 하고 받는 증여라고 생각하시면 비슷합니다.

부동산 등을 자녀에게 증여할 때 아파트의 전세보증금이나 주택 담보대출과 같은 부채를 자산과 함께 넘기는 것입니다.

이렇게 하는 이유는 세금을 줄이기 위해서입니다. 증여를 할 때 대출을 받기로 한 것이니까 순수한 증여금액은 적어집니다.

배우자나 자녀에게 부동산 등 재산을 증여할 때 전세보증금이나 주택 담보대출과 같은 부채를 포함해서 물려주는 것을 부담부 증여라고 합니다.

증여세의 경우에는 아파트 시세를 잘 파악해서 증여가액을 정하면 됩니다. 부담부 증여의 경우 단순한 증여보다 세금이 조금 더 복잡해집니다.

세금 측면에서 두 가지를 확인해야 합니다. 자녀가 내야 하는 증여세와 부모가 내야 하는 양도소득세입니다.

증여를 하는데 엉뚱하게 양도소득세가 튀어나왔습니다.
김리치씨 부모님은 10억 원 아파트에 전세를 6억 원에 임대를 하고 있습니다. 김리치씨가 전세 계약까지 승계를 받는다면 실제 증여금액은 10억 원에서 6억 원을 차감한 4억 원입니다. 6억 원은 나중에 김리치씨가 갚아야 하므로 실제로 증여를 받았다고 볼 수 없기 때문입니다.

김리치씨 부모의 입장에서 생각을 해보면 6억 원의 부채를 갚지 않아도 되는 이익이 생겼습니다. 6억 원만큼 이익을 본 것을 아파트를 증여할 때 양도를 했다고 보고 양도소득세를 부담해야 합니다.

10억 원짜리 아파트를 넘기면서 전세금 6억 원만큼만 이익을 보고 나머지 4억 원은 증여를 했습니다. 그래서 김리치씨 부모님은 아파트 10억 원 중에 6억 원만큼은 양도해서 넘기고 4억 원은 증여를 한 것입니다.

양도소득세는 매도를 하는 사람인 김리치씨 부모님이 내야 하고 증여를 받은 4억 원에 대해서는 김리치씨가 내야 합니다. 김리치씨 부모님은 6억 원만큼 양도한 것이므로 10억 원 중에 6억 원의 비율만큼 양도소득세를 계산합니다.

부담부 증여라는 개념도 복잡한데 계산도 복잡해집니다. 하지만 걱정하지 않으셔도 됩니다. 증여 전문 세무사는 부담부증여 정도는 잘 계산할 수 있습니다. 중요한 것은 부담부 증여라는 방법이 있다는 것 정도 알고 부담부증여로 하면 세금이 실제로 줄어드는지 계산을 해 보는 것입니다.

부동산을 그냥 증여해서 납부해야 할 증여세와 부담부증여로 납부해야 할 증여세와 양도소득세의 합을 비교해서 부담부증여가 세금 측면에서 매우 유리한 경우가 있습니다.

A. 순수하게 증여하는 경우 증여세
B. 부담부 증여를 하는 경우 증여세 + 부채에 대한 양도소득세

A의 세금 > B의 세금인 경우 부담부증여를 하면 세금을 줄일 수 있습니다. A의 세금보다 B의 세금이 실제로 얼마나 줄어드는지 세무사에게 의뢰해서 계산해 보고 세금이 줄어든다면 부담부증여를 실행해 볼 수 있습니다. 다주택자에 대한 양도소득세 중과 규정이 있다면 A가 오히려 적은 경우도 있었지만 부담부증여를 한 B의 경우가 세금이 일반적으로 더 적습니다.

부담부증여로 인정받기 위해서는 세 가지를 꼭 충족해야 합니다.

첫 번째, 증여일 현재 증여재산에 담보된 채무여야 합니다. 아파트의 전세금이나 담보대출만 대상이고 이 부동산과 상관없는 신용대출 등은 대상이 아닙니다.

두 번째, 담보된 채무가 증여를 하는 사람의 채무여야 합니다. 해당 아파트 명의자의 채무여야 하지 다른 사람의 채무를 인수하는 것으로 할 수는 없습니다.

마지막으로 증여를 받는 자녀가 반드시 채무를 인수해야 합니다. 실제로 소득이 없는 미성년자가 부담부증여를 받는 경우 실제 채무를 상환할 때 문제가 되기도 합니다.

부담부증여의 경우 세무서에서 사후관리를 합니다. 사후관리를 한다는 것은 자녀가 받은 전세금이나 대출을 실제로 누가 갚는지 확인을 한다는 것입니다. 부담부증여를 하기로 하고 전세금과 대출을 넘겼는데 실제로 부모님이 대신 갚는 경우 부담부증여가 아니라 증여를 한 것이기 때문에 나중에라도 증여세를 부과할 수 있습니다.

부담부증여가 빛을 발하는 경우가 있습니다. 바로 1세대 1주택 비과세 규정과 콜라보를 시키는 것입니다.
예를 들어 부모님이 소유하고 있는 집이 한 채인데 이 집에 대출이나 전세가 있는 경우 부담부증여를 고려해 볼 수 있습니다. 이 집을 부담부증여로 자녀에게 주는 경우 부모님이 부담해야 할 양도소득세는 1세대 1주택 비과세를 적용받을 수 있습니다.

자녀는 부채를 뺀 순수 증여금액만 자녀가 증여세를 내면 됩니다.

양도소득세는 비과세를 받고 증여금액은 부채를 뺀 금액이므로 세금을 상당히 줄일 수 있습니다. 한 채 있는 집을 자녀에게 줘야 한다는 현실적인 문제가 있기는 합니다. 세금 줄이는 것이 절대적 목표는 아니니까요.

상속할 때!
자녀에게 재산을 줄 수 있는
절호의 타이밍이다!

자녀에게 재산을 주려면 매매나 증여, 상속의 방법밖에 없습니다. 교환이나 부담부증여 등으로 재산을 이전할 수 있지만 3가지 방법을 섞는 절세 방법입니다.

김리치씨 아버지가 돌아가셨는데 상속재산으로 부동산 30억 원, 예금 등 15억 원이 있었고 은행의 대출이 5억 원이 있었습니다. 상속을 받는 상속인은 배우자와 김리치씨와 김리치씨의 동생이 있습니다. 상속세를 계산해 보니 대략 8억 원정도 나올 것 같습니다.

상속재산을 어떻게 나눌지 김리치씨의 어머니, 김리치씨와 동생 3명이서 고민을 하다가 제게 고민을 털어놨습니다.

김리치씨 입장에서 상속세를 최대한 줄이는 것도 중요하지만 상속재산을 잘 나눌 수 있는 방법이 있는지 궁금합니다.

어머니 생활비도 걱정이 되고 아버지 재산이지만 어머니와 함께 이룬 것이라고 생각을 해서 김리치씨와 동생은 어머니께 모두 드리려고 했습니다. 김리치씨 어머니는 생각이 좀 다릅니다. 자녀들 걱정에 앞으로 살집과 생활비 정도면 자녀들에게 재산을 모두 주고 싶습니다.

어떤 세금을 언제 줄이느냐가 관건!

당장 내야 할 상속세 8억 원이 부담되는 것은 사실입니다. 상속세를 줄이기 위해서는 배우자인 어머니가 상속재산을 대부분 가져가는 것이 유리합니다. 배우자 공제는 최소 5억 원에서 30억 원까지 가능합니다. 다만 배우자 공제 30억 원을 모두 적용받으려면 상속재산을 모두 어머니가 받아야 합니다.

김리치씨 아버지의 재산 45억 원을 김리치씨의 배우자인 어머니가 받는다면 배우자 공제를 최대로 적용받을 수 있고 상속세를 최대한 줄일 수 있습니다.

그런데 좀 더 생각해 볼 문제가 있습니다.

김리치씨의 어머니가 사망을 한다면 김리치씨와 동생이 상속을 받게 되는데 이때 어머니 재산에 대해서 상속세를 계산하게 됩니다. 김리치씨 어머니가 사망할 때에도 재산이 그대로 45억 원이라고 가정을 한다면 좀 더 미래에 상속세를 내겠지만 그때는 상속 공제가 5억만 가능합니다.

결과적으로 김리치씨와 동생은 당장은 상속세를 조금 낼 수 있지만 어머니에게 상속을 또 받게 돼서 미래에 상속세를 훨씬 더 많이 내야 합니다. 김리치씨 아버지의 재산이 배우자인 어머니에게 간다면 좀 더 미래에 어머니의 상속이 시작될 때 상속세를 또 내야 합니다.

만약 김리치씨 아버지가 사망했을 때 상속인들이 협의해서 부동산은 자녀인 김리치씨와 동생이 상속을 받고 예금 등 나머지 재산을 어머니가 받는다면 어떻게 될까요? 미래 김리치씨 어머니가 사망하는 경우 예금 15억 원에 대해서만 상속세를 내면 자녀들이 상속재산을 취득하는 과정은 동일하지만 세금이 훨씬 적습니다.

최종적으로 자녀에게 부동산을 물려줄 계획이라면 아버지 상속세 계산하는 때가 부동산을 넘겨줄 최적의 타이밍입니다. 매정해 보이지만 정신 차리고 세금을 몇 천만 원, 몇 억 원씩 줄일 수 있는 기회입니다.

한 가지 더 좋은 것이 있습니다. 아버지가 사망한 경우 내야 하는 상속세 8억 원을 김리치씨 어머니가 모두 납부를 해도 됩니다. 김리치씨 어머니는 예금 등 15억 원을 상속받고, 김리치씨와 동생은 부동산 30억 원을 나눠 15억 원씩 받는 경우 상속인 세명이 모두 재산을 상속받았습니다.

그런데 상속세는 김리치씨 어머니가 혼자 모두를 납부를 해도 됩니다. 바꿔 말하면 자녀들이 30억 원이라는 부동산을 상속받았더라도 상속세를 내지 않아도 됩니다.

상속세는 상속을 받은 사람 중 아무나 낸다면 국세청은 뭐라고 하지 않습니다. 반대로 상속세를 모두 납부하지 않으면 상속받은 세명이 모두 동일하게 책임을 져야 합니다. 만약 상속세 8억 원을 내지 않는다면 국세청은 세명에게 모두 상속세를 내라고 독촉을 하고 압류할 수 있습니다. 어려운 말로 연대납세의무라고 합니다. 연대납세의무는 다시 자세히 설명드리겠습니다.

상속세가 나오지 않아도 신고하는 것이 유리합니다.

　상속재산이 10억 원 이하인 경우 상속세 신고 안 해도 된다고 하는 사람들이 있습니다. 하물며 어떤 세무사들도 세금 나오지 않으니까 세금신고하지 말라고 합니다. 그리고 부동산은 어머니에게 등기를 합니다.
　그리고 몇 년 후 어머니가 사망하시고 상속이 시작되면 어머니의 상속재산이 5억 원이 넘어서 상속세가 나옵니다. 정말 안타깝습니다.
　아버지가 사망한 당시 상속재산 10억 원이 넘지 않았더라도 부동산을 모두 자녀에게 주는 것으로 상속세 신고를 하고 부동산을 제외한 재산이 5억 원이 넘지 않았다면 어머니 상속세 신고할 때 세금이 거의 나오지 않았을 것입니다.

세금을 엄청 줄일 수 있는 타이밍을 그냥 흘려보낸 것입니다.

좋은 세무사가 곁에 있는 것이 아주 중요합니다.

"상속재산 10억 원 안 넘으면 상속세 안 나오는데 세금신고 안 해도 되죠?"

상담 : "어머니 계시고 자녀분들끼리 부동산 어떻게 나눌지 협의가 잘 된다면 상속세 나오지 않더라도 꼭 신고하시는 것이 좋습니다."

"그래요?"

친한 잘 아는 세무사가 있었다면 이런 대화가 이어졌을 겁니다. 그리고 세금 엄청 줄였을 겁니다.

배우자 상속 공제와 연대납세의무 활용하기

 사망을 하면 사망을 한 날이 상속개시일이 되고 보통 상속인은 배우자와 자녀들이 됩니다. 상속이 시작되면 돌아가신 고인의 상속재산에 대한 확인이 필요합니다. 사망한 자의 상속재산에 대해 곧바로 세금을 계산하는 것은 아니고 몇 가지 공제를 한 후의 금액에 세율을 곱합니다. 공제라는 의미는 뭔가를 빼준다는 의미입니다.
 상속 공제 중에 가장 많이 알고 있는 것은 배우자 상속 공제입니다. 상속세를 계산할 때 배우자가 있고 그 배우자가 실제 상속받은 재산이 있는 경우 배우자 상속 공제를 적용받을 수 있습니다.

배우자 공제는 최대 30억 원까지 가능한데 간혹 상속재산 30억 원 정도면 세금 안 내도 된다고 생각하시는데 그렇지는 않습니다. 혹시라도 상속세 세무상담을 갔는데 세무사가 배우자가 있으니 상속재산 30억 원까지 상속세 나오지 않는다고 하면 상속 전문이 아닐 가능성이 큽니다. 실제로는 배우자 상속공제는 한도계산을 하기 때문에 30억 원까지 공제받을 수 있는 경우가 많지는 않습니다.

배우자가 실제 상속받은 금액과 배우자 법정상속지분에서 사전증여를 차감한 금액 중 작은 금액을 상속재산에서 공제받을 수 있습니다. 다만 30억 원이 넘는다면 30억 원까지만 공제를 해줍니다.

〈배우자 상속 공제액〉 = Min(①, ②)

① 배우자가 실제로 상속받은 금액

② 한도액(30억 원) = 상속재산가액 × 배우자의 법정상속분 - 상속재산에 가산한 증여재산 가액 중 배우자에게 증여한 재산에 대한 증여세 과세표준

한 가지 좋은 것은 배우자 상속 공제는 최소 5억 원을 해준다는 것입니다.

배우자 상속 공제를 계산했는데 5억 원보다 적더라도 배우자 상속 공제는 5억 원 받을 수 있습니다. 더 좋은 것은 배우자가 실제로 상속받은 금액이 없더라도 최소한 5억 원을 공제할 수 있습니다.

배우자 상속 공제는 배우자가 재산 형성에 많은 기여를 했고 배우자 생존기간 동안 최소한의 재산이 있어야 하기 때문에 보호하려는데 취지가 있습니다. 배우자 재산 형성과 생존권으로 생각하니 5억 원이 좀 적은 것 같기도 하네요.

실제 계산은 복잡해서 상속세를 신고할 때 세무사의 도움과 검토를 받으셔야 합니다.

배우자 상속 공제는 실제받은 금액과 총 금액 30억 원 한도에서 가능하고 배우자가 상속받은 재산이 없더라도 상속재산에서 최소한 5억 원은 공제를 해줍니다.

배우자 상속 공제와 함께 알아두면 좋은 것은 연대납세의무입니다. 상속세가 나오면 세금을 내야 하는데 상속인은 상속재산 중 각자가 받았거나 받을 재산의 비율에 따라 상속세를 납부할 의무가 있고, 각자가 받았거나 받을 재산을 한도로 연대하여 납부할 의무가 있습니다.

연대납세의무는 상속세를 각자 받았거나 받을 재산을 한도로 세금을 내야 하지만 상속인 중 한 명이라도 세금을 내지 않으면 나머지 상속인들이 내야 할 의무가 여전히 있다는 의미입니다.

그런데 연대납세의무를 역이용할 수 있습니다. 상속세가 나오면 상속인들이 받은 재산을 한도로 세금을 내야 하지만 상속받은 재산 비율과 상관없이 상속인 중 한 명이 상속세를 모두 납부할 수 있다는 것입니다.

상속인 중 아무나 상속세를 낸다면 다른 상속인들에게 뭐라고 하지 않습니다.

이제 배우자 상속 공제와 연대납세의무를 함께 섞어볼 수 있습니다. 김부자 씨가 사망하여 상속재산으로 부동산 50억 원과 예금 10억 원이 있고 배우자와 자녀 2명이 있었습니다. 상속세가 8억 원 정도 부과된다고 예상될 때 상속재산 분배와 세금을 어떻게 낼지 고민을 해볼 수 있습니다.

첫째, 배우자가 상속을 받지 않더라도 5억 원은 그대로 받을 수 있습니다.

그런데 예금 10억 원을 배우자가 받기로 하면 배우자 상속 공제가 5억 원보다 더 됩니다.

둘째, 부동산은 배우자가 법적 지분을 포기하고 협의하여 자녀 2명에게 반씩 주기로 했습니다. 배우자는 예금 10억 원만 가져가고 부동산은 25억 원씩 자녀가 가져갈 수 있습니다.

상속세 8억 원은 배우자와 자녀 2명이 나눠서 내야하고 부동산을 많이 가져간 자녀가 낼 부분이 많습니다. 그런데 연대납세의무에 의해서 배우자가 상속세 8억 원을 모두 납부할 수 있습니다. 이때 자녀들의 세금을 배우자가 내준 것은 아니고 배우자가 연대납세의무를 지킨 것으로 세법상 문제가 없습니다.

결과적으로 배우자는 예금을 받고 배우자 공제를 받은 후 세금을 모두 납부하고 부동산은 자녀에게 이전할 수 있습니다. 자녀들은 상속세를 한 푼도 내지 않고 부동산을 받을 수 있습니다.

상속재산을 분배할 때 법적상속지분대로 부동산과 예금을 가져갈 수 있지만 협의한다면 부동산은 다음 세대로 쉽게 이전을 할 수 있습니다.

나중에 배우자가 사망하여 재상속이 되더라도 부동산에 대한 부분은 상속재산에 포함되지 않으므로 추가적 상속세도 절세할 수 있습니다.

정리하자면 연대납세의무를 약간 이용한다면 자녀에게 부동산을 이전하면서 세금은 배우자가 납부를 할 수 있습니다.

상속을 받을 때 상속인으로 배우자가 있는 경우 배우자 공제는 적용받아서 상속세를 계산을 하고 배우자가 상속세를 모두 납부하면 자녀들은 상속세 부담 없이 재산을 상속받을 수 있습니다.

상속을 어떻게 받을지 협의분할이 상속세를 줄이는 기회가 될 수 있습니다.

증여세와 상속세를
안내는 방법

　여기까지 읽으셨다면 증여와 상속 부분에 상당한 내용을 알게 되신 겁니다. 이제 몇 가지 개념을 합쳐서 증여세와 상속세를 안 내거나 줄일 수 있는 방법을 알아보겠습니다. 대부분의 증여와 상속 컨설팅은 개인별 상황을 증여와 상속, 양도 등 여러 가지 세금과 시간을 합쳐서 설계하고 계획을 합니다. 이제까지 설명드린 내용을 종합적으로 복습하면서 읽어보시면 좋을 것 같습니다.

　한국의 증여세와 상속세율은 꽤 높은 편입니다.

증여하는 재산이 대략 1억 원만 넘어도 세율 10%를 적용하고 30억 원을 넘으면 최고세율 50%를 적용합니다.

수도권 아파트 중위 가격이 10억 원 정도 하니까 증여나 상속을 하면 꽤 많은 세금이 나옵니다.

상속세 증여세를 안내는 방법이 있을까요? 그런 방법이 어디 있냐고 하실 것 같은데요, 세법에 나온 규정을 충분히 활용하면 엄청 줄일 수 있습니다. 세금 줄이는 방법을 아는 자와 모르는 자의 싸움입니다.

아시는 것처럼 상속이나 증여를 받으면 일정 금액을 빼줍니다. 좀 어려운 말로 상속 공제나 증여 공제라고 이야기합니다. 공제라는 말이 좀 어렵지만 뭔가 빼준다는 이야기라는 것은 느낌이 들 겁니다.

뭔가 빼주는 증여와 상속 공제를 알기 위해서는 증여세와 상속세를 계산하는 구조를 알아야 합니다. 세금 계산하는 큰 그림만 한번 짚어보겠습니다.

천천히 말씀드릴 테니까 따라와 보시고 혹시 어려우시다면 그런가 보다 하고 넘기세요. 저와 인연이 돼서 상담오신다면 개인 상황에 따라 또 설명드리겠습니다.

유튜브 비더리치tv에 관련 내용 영상으로 있으니 함께 참고해 보세요.

1단계 : 상속세 계산 구조 알기

상속이라는 것은 사망을 하면 배우자와 자녀들이 돌아가신 분의 재산을 받는 겁니다. 돌아가신 분을 피상속인, 재산을 받은 사람들을 상속인이라고 부릅니다. 세법은 이런 용어가 어렵습니다. 저도 헷갈려서,

피상속인은 상속인 앞에 '피'를 흘리고 돌아가신 분… 이렇게 외웁니다. (외우실필요 없습니다. 저만 알고 있으면 됩니다!)

우리나라의 상속세는 피상속인(사망자)이 남긴 재산에 대해 세금을 계산하고 세금은 받는 배우자나 자녀와 같은 상속인들이 세금을 냅니다.

상속세를 계산하기 위해 첫 번째로 사망한 피상속인의 재산을 모두 모읍니다.

부동산, 금융 재산, 주식, 보험 등등 모두 모읍니다. 간혹 피상속인의 재산이 어떤 것이 있는지 잘 모르는 경우도 있습니다. 걱정 안 하셔도 됩니다.

구청이나 동주민센터에 사망신고를 할 때 안심 상속원스톱 서비스라는 것을 신청을 하면 등기된 자산과 금융 재산의 대부분을 확인할 수 있습니다. 상속인이 인터넷으로 신청을 해서 조회도 할 수 있습니다.

다시 말하지만 상속세는 피상속인이 남겨둔 재산에 대해 세금을 계산합니다. 피상속인이 남겨둔 재산에 몇 가지를 더합니다. 사망할 때 남겨놓은 재산은 아니지만 실제로는 상속재산으로 보는 것들입니다.

상속재산에 더하는 것 중에 가장 중요한 것은 사전증여재산입니다.

사전증여 재산은 앞에서 자세히 설명했지만 증여세와 상속세를 줄이는 전략을 짜기 전에 한 번 더 말씀드리겠습니다. 사전증여재산은 사망하기 전에 미리 증여한 재산입니다.

사망일을 기준으로 10년을 역산해서 배우자나 자녀에게 증여한 재산을 사전증여재산이라고 합니다. 사전증여재산을 상속재산에 더하는 이유는 상속재산을 줄이기 위해 미리 증여하는 것을 막기 위해서입니다.

상속재산에 추가해서 더하는 것 중에 두 번째로 중요한 추정상속재산도 있습니다.

사망일 전에 현금 인출을 왕창한 경우 상속세를 적게 내기 위해 몰래 인출한 것으로 보고 상속재산에 더합니다. 물론 상속세 줄이려고 현금 인출한 것이 아니라는 것을 증명하면 상속재산에 더하지 않습니다. 만약 인출을 왜 했는지 설명을 못한다면 상속재산에 그냥 더해버립니다.

이렇게 (본래)상속재산에 사전증여재산과 추정상속재산을 더해서 총상속재산이라고 부릅니다.

총상속재산에서 이제 몇 가지를 뺍니다. 총상속재산에서 빼주는 것을 상속 공제를 한다고 합니다. 우선 기본적으로 5억 원을 빼줍니다. 일괄공제를 해준다고 합니다. 이유를 묻지 않고 상속재산에서 5억 원을 뺍니다.

바꿔 이야기하면 상속재산이 5억 원을 넘지 않는다면 상속세는 나오지 않습니다.

배우자가 살아있다면 배우자 공제를 최소한 5억 원을 해줍니다. "배우자 공제를 5억 원이나 해주네! 와 좋다" 이렇게 생각이 되시나요? 좀만 더 생각해 보면 아주 적게 빼주는 겁니다. 부부는 경제 공동체인데 5억 원밖에 안 빼주는 거니까요. 어떻게 보면 평생 부부가 같이 만든 재산인데 상속을 받는다는 것도 이상하기도 합니다. 상속은 다음 세대에 물려주는 것인데 부부는 동일세대이고 다음 세대는 아니니까요. (그래서 부부간 증여나 상속이 없는 나라도 많습니다.)

아무튼 기본 5억 원과 배우자공제 최소 5억 원을 합해서 총 10억 원을 빼줍니다. 이렇게만 더해도 10억 원을 상속재산에서 차감할 수 있습니다.

결국 피상속인(사망자)의 배우자가 있다면 상속재산이 10억 원 이하라면 상속세가 나오지 않습니다.

금융 재산이 있으면 금융 재산의 20%를 2억 원 한도 내에서 빼줍니다. 그리고 동거를 하면서 상속받은 주택의 요건에 맞는다면 공제를 추가로 받을 수 있습니다.

2단계 :
증여 계산 구조 알기

증여의 경우에는 배우자에게 6억 원, 성인 자녀에게 5천만 원, 미성년 자녀에게는 2천만 원까지 공제가 됩니다. 증여 공제 금액은 증여를 받는 재산에서 빼줍니다. 예를 들어 자녀에게 5천만 원을 주는 경우 증여 공제가 5천만 원이 되므로 증여세가 나오지 않습니다.

상속세계산 흐름	
총상속재산가액	상속재산가액 : 국내외 소재 모든 재산, 상속개시일 현재의 시가로 평가 본래의 상속재산(사망 또는 유증 사인증여로 취득한 재산) 상속재산으로 보는 보험금 신탁재산 퇴직금 등 상속재산에 가산하는 추정상속재산
+ 사전증여재산	피상속인이 상속개시일 전 10년(5년) 이내의 상속인 (상속인이 아닌 자)에게 증여 한 재산가액 단, 증여세 특례세율 적용 대상인 창업자금, 가업승계주식 등은 기한 없이 합산
= 상속세 과세가액	
- 상속공제	아래 공제의 합계 중 공제적용 종합한도 내 금액만 공제가능 (기초공제 그 밖의 인적공제)와 일괄공제(5억) 중 큰 금액 배우자 공제 금융재산 상속공제 재해손실공제 동거주택 상속공제
= 상속세 과세표준	
X 세율	10 ~ 50%
= 상속세 산출세액	(상속세 과세표준 X 세율) - 누진공제액

+ 세대생략할증 세액	상속인이나 수유자가 피상속인의 자녀가 아닌 직계비속이면 30% 할증 (단, 미성년자가 20억 원을 초과하여 상속받는 경우에는 40% 할증) 직계비속의 사망으로 최근친 직계비속에 해당하는 경우는 적용 제외
- 세액 공제	문화재자료 징수유예, 증여세액공제, 단기재상속세액공제, 신고세액공제

증여재산 5천만 원 - 증여재산공제 5천만 원 = 0 원

==증여재산 공제를 증여할 때마다 해주는 것은 아니고 10년간 합해서 공제를 해줍니다.==

상속 공제와 증여 공제는 성격이 매우 다릅니다. 상속세는 재산을 모두 합친 후에 공제를 하기 때문에 금액이 크지만 돌아가실 때 한 번만 할 수 있습니다.

반면 증여공제는 증여재산에서 10년에 한 번씩은 공제를 받을 수 있습니다. 상속 공제와 증여 공제를 알았으니 이 두 가지를 활용해서 증여세와 상속세를 내지 않는 방법을 알아보겠습니다.

전략 : 상속 공제, 증여 공제, 사전증여로 계획 짜기!

상속세와 증여세는 받는 사람이 내는 세금입니다. 부모님의 재산을 증여받거나 상속받는다고 가정하고 받는 사람 입장에서 전략을 짜보겠습니다.

1. 부모님이 나이가 많지 않은 경우

부모님 나이가 많지 않은 경우에는 미래 상속세를 줄일 수 있는 방법을 찾아야 합니다.

첫 번째로 부모님 연세가 50대, 60대 많게는 70초반 정도라면 증여공제 가능한 5천만 원을 한 번이라도 더 써먹어야 합니다.

현금을 5천만 원 받는 것도 좋습니다. 증여를 미리미리 하는 이유는 미래 상속받을 재산을 줄이기 위해서입니다.

증여를 하고도 10년은 건강하셔야 합니다. 증여를 하고 10년 이내 돌아가신다면 사전증여재산에 포함이 돼서 상속세가 계산이 되기 때문입니다. 부모님이 젊을 수록 유리합니다. 10년에 한 번씩 증여공제를 받을 수 있으므로 한 번이라도 더 증여를 할 수 있기 때문입니다.

두 번째는 부동산 증여를 고려해 볼 수 있습니다. 부동산 중에서도 많이 오를 것 같은 부동산을 빨리 증여하는 것이 좋습니다.

재건축 아파트나 현재는 부동산 가격 조정으로 떨어진 상태이지만 앞으로는 상승 가능성이 큰 부동산을 증여해야 합니다. 증여를 빨리한다면 자녀가 비교적 낮은 가격에 증여로 취득을 하고 가치 상승분을 모두 자녀가 가져갈 수 있습니다.

마지막으로 기준시가로 증여 가능한 부동산을 자녀에게 줄 수 있습니다.

아파트의 경우에는 매매시세가 형성되어 기준시가로 증여하기 어렵지만 구분상가나 꼬마빌딩의 경우에는 기준시가로 증여가 가능할 수 있습니다.

꼬마빌딩의 경우에는 기준시가로 증여를 하는 경우 국세청에서 감정평가금액으로 재산정할 수 있으므로 조심해야 하기는 합니다. 기준시가로 증여 가능한 부동산을 자녀에게 증여를 한다면 기준시가와 시세 차이의 이익을 자녀가 바로 가져갈 수 있습니다.

2. 부모님이 연세가 있는 경우

부모님이 연세가 있는 경우에는 증여보다는 상속이 유리합니다.

상속 공제는 배우자가 있는 경우 기본적으로 10억 원을 받을 수 있습니다. 김리치씨는 부모님과 함께 3명이 한 가족이라고 가정해 보겠습니다. 김리치씨 아버지 재산이 10억 원이 있었습니다. 5억 원을 김리치씨에 증여를 하는 경우 약 9천만 원 정도 증여세를 내야 합니다.

아버지가 사망한 경우 어머니와 김리치씨 2명이 상속인이 됩니다. 김리치씨 아버지 재산 10억 원 중에 김리치씨가 5억 원 어머니가 5억 원 상속받기로 한다면 상속세는 나오지 않고 결국 세금 없이 상속재산을 받을 수 있습니다.

김리치씨가 동일하게 5억 원을 받더라도 증여보다는 상속이 세금 면에서 유리합니다.

더 좋은 것은 상속세는 연대납세의무를 활용할 수 있습니다.

상속재산을 김리치씨가 받았다더라도 상속세는 김리치씨 어머니가 모두 내줄 수 있습니다.

부모님의 연세가 많은 경우에는 연대납세의무까지 고려한다면 증여보다는 상속이 유리한 경우가 더 많습니다.

나이가 많은데도 상속을 하지 않고 증여를 해야 하는 경우가 있습니다. 몇 년 이내로 부동산이 많이 오를 것 같은 경우 부동산이 오르기 전에 빨리 증여를 하는 경우입니다.

상속세를 계산할 때 부동산이 있는 경우 사망일 시점의 부동산은 시가로 포함하도록 되어 있습니다. 그런데 오르기 전에 증여를 한다면 사전증여재산으로 부동산이 포함이 되더라도 오르기 전 부동산 가격으로 상속재산에 포함되게 됩니다. 만약 부동산 가격이 오를 것 같다고 하면 빨리 증여를 하는 것도 방법입니다.

세금을 줄이기 위해 여러 가지 계획을 세우고 전략을 짤 수 있습니다. 그래서 증여와 상속 전문 세무사와 상담한다면 수수료보다 몇 배는 더 세금을 아낄 수 있습니다.

유럽 영화를 보면 부자들은 가문의 자금을 관리하는 세무사 역할을 하는 사람들이 있습니다. 같이 식사도 하고 가족처럼 지내기도 합니다. 우리도 가능합니다. 가족을 지켜주는 좋은 세금 전문가를 하루빨리 찾아보신다면 안정적으로 세금을 줄이고 빠르게 돈을 벌고 모을 수 있습니다.

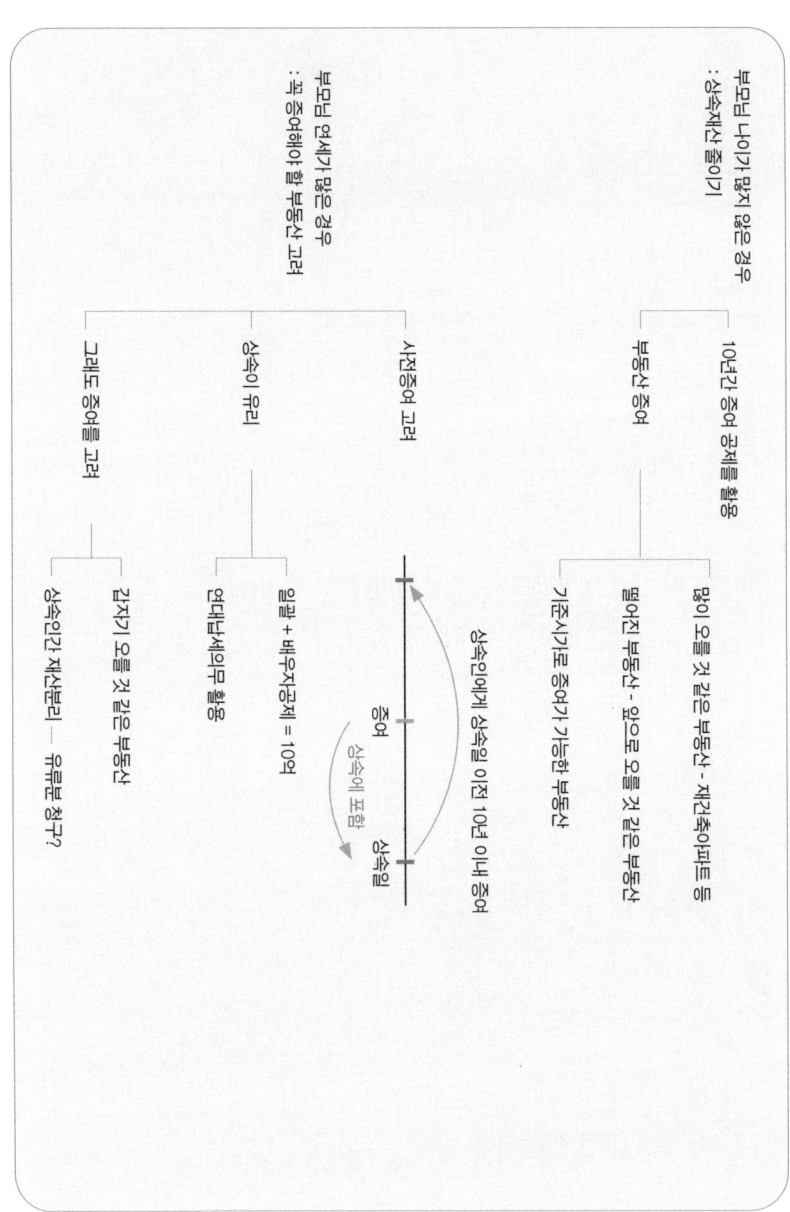

사망일 전
재산을 처분하였다면?

　부모님 건강이 악화돼서 마음의 준비를 하고 있을 때 한편으로 상속세가 걱정되기도 합니다. 상속세가 많이 나올 것 같아 예금을 인출해두고 부동산을 처분해야 할 것 같기도 합니다. 언뜻 주위에서 들어본 이야기로 돌아가신 분의 재산에 대해 상속세가 계산이 되므로 돌아가시기 전에 재산을 줄여 놓으면 상속세가 줄어들 것 같습니다.

　세법에 사망일 전에 재산을 처분하거나 예금을 인출해서 상속재산을 줄이고 결과적으로 상속세가 줄어드는 것을 막기 위한 추정상속재산에 대한 규정이 있습니다.

상속개시 전에 처분한 자산의 사용처 및 예금을 인출하여 사용한 사유를 입증하지 못하면 일정 금액을 상속인들이 현금 등으로 상속받은 것으로 추정해서 상속세가 과세됩니다.

은행 등에서 대출을 받은 후 인출을 해서 사용을 했는데 어디에 사용했는지 설명할 수 없다면 역시 상속으로 추정해서 상속세가 과세됩니다.

상속개시일은 사망일입니다. 사망일 전 1년 이내 처분하거나 인출한 재산가액이 2억 원 이상이거나 2년 이내에 5억 원 이상인 경우에 재산을 처분한 금액과 인출한 현금을 어디에 썼는지 설명을 할 수 있어야 합니다. 만약 사용처를 입증하지 못한다면 소명하지 못한 금액에서 처분재산가액의 20% 금액과 2억 원 중 적은 금액을 차감한 금액은 상속재산으로 추정하게 됩니다.

추정상속재산가액 = 용도 불분명한 금액 - Min(①처분재산가액 · 인출금액 · 채무부담액 × 20%, ②2억 원)

사망 1년 전에 5억 원의 부동산을 처분했는데 5억 원이 보통예금 등에 있지 않고 사용내역에 대해 확인이 어려운 경우 국세청은 상속인들에게 5억 원을 어떻게 사용했는지 확인해 달라고 요청을 합니다.

5억 원 중 2억 원은 다른 부동산의 취득 자금으로 사용을 했지만 나머지 3억 원은 어떻게 사용했는지 밝히지 못하였다면 사용처를 밝히지 못한 3억 원에서 5억 원의 20%인 1억 원과 2억 원 중 적은 금액을 차감한 2억 원은 상속재산에 합치게 됩니다.

3억 원 - Min(5억 × 20%, ②2억 원) = 2억 원

더 무서운 것은 국세청도 상속재산인지 아닌지 확인하지 않고 우리가 상속재산이 아니라는 것을 적극적으로 설명해 내지 못한다면 일정 부분을 상속재산에 포함하게 된다는 것입니다.

결국 사망일 전 2년간 재산 처분액과 현금 인출액에 대해서 사용처에 대한 증빙을 반드시 확보해 두어야 합니다.

상속이 임박한 시점, 재산을 처분하기 전에 양도소득세를 고려해 봐야 합니다.

재산을 처분해서 양도차익이 난다면 양도소득세를 신고하고 납부해야 합니다. 연세가 많은 경우 상속이 시작되기 전에 재산을 양도를 할지 상속을 받고 양도를 할지 고민이 될 수 있습니다.

박수저님은 아버지가 갖고 있는 건물이 시세가 20억 원 정도 된다고 합니다. 취득한지 20년이 넘었는데 당시 취득을 5억 원이어서 양도가액과 취득가액의 차이가 15억 원 정도 난다고 합니다.

박수저는 외동아들이고 상속이 시작되면 이 건물을 단독으로 물려받을 예정입니다. 박수저는 해당 건물을 매매할 계획인데 어떻게 물려받는 것이 좋을지 고민이 됩니다.

해당 건물을 처분해서 상속으로 받을지 건물 상태로 상속을 받고 양도를 할지, 세금은 얼마나 차이 나는지 궁금합니다.

1) 아버지가 돌아가셔서 상속이 시작되기 전에 양도를 하면 박수저님의 아버지가 15억 원에 대한 양도소득세를 내고 남은 금액은 상속이 시작되면 상속재산에 포함이 됩니다.

2) 건물을 매매하지 않고 상속을 한다면 20억 원이 상속재산에 포함이 돼서 상속세를 내지만 20억 원에 상속받아 20억 원에 판다면 양도소득세는 나오지 않습니다.

박수저님의 아버지가 사망 전에 재산을 처분해서 내야 하는 양도소득세와 상속을 받을 때 상속세를 비교해 봐야겠습니다.
물론 박수저님의 아버지가 언제 돌아가실지 모릅니다. 더 건강하게 살아 계시는 것이 당연히 좋습니다. 그런데 건물을 매매할 계획이라면 양도소득세와 상속세를 비교해서 어떤 것이 유리한지 또는 건물을 좀 더 보유할지 생각해 보는 것도 좋습니다.
장기간 보유하고 있는 부동산은 취득가액은 낮고 장기보유 공제도 더 이상 적용이 안됩니다.

더욱이 양도차익이 15억 원이라면 최고 세율 45%를 적용받지만 상속재산이 20억 원만 있다면 배우자 공제등을 적용받으면 10억 원에 대한 상속재산에 상속세율을 적용하게 되고 30%의 세율을 적용받으므로 양도소득세보다 상속세가 더 적을 수 있습니다.

세금만 생각한다면 건물을 미리 파는 것보다 상속으로 재산을 물려받은 후 처분하는 것이 더 유리한 경우가 많습니다.

부모님이 급하게 재산을 처분하고 현금을 물려주시는 것보다 자녀가 상속을 받아서 처분하는 것이 더 현명한 선택일 수 있습니다.

상속등기 전에
협의분할해야 합니다.

상속재산은 기본적으로 배우자와 자녀 등 상속인들이 협의하여 나눌 수 있습니다. 만약 협의가 안된다면 법정지분대로 상속을 받거나 그마저도 동의가 안된다면 유류분 청구를 해야 하는 경우가 생기기도 합니다.

돌아가신 분의 유언이 없더라도 고인의 뜻에 따르거나 상속인들 간에 동의하여 협의분할하는 경우 법정지분보다 상속을 많이 받는 사람이 생기고 그렇지 못하는 사람도 생길 수 있습니다.
상속재산 중에 부동산은 상속등기를 해서 재산을 이전해야 하는데 협의분할은 이 등기를 하기 전에 마무리되어야 합니다.

상속재산을 협의분할하는 경우 상속인 중에 법정지분을 초과하여 취득할 수 있으므로 최초로 상속등기를 하기 전에 협의분할하는지와 상속등기 이후 재분할하는지에 따라 증여세 문제가 생길 수 있습니다.

상속재산에 대하여 각각의 상속인들이 협의하여 상속분이 확정이 되면 등기 및 명의개서 등을 합니다. 이때 협의한 사항을 재분할하는 경우 재산의 이동이 다시 생기게 돼서 상속분이 증가된 재산에 대하여 증여세과 과세될 수 있습니다.

협의해서 분할했는데 재분할해야 하는 경우가 생길 수도 있습니다. 이때 재분할하더라도 증여세과 과세되지 않는 경우를 먼저 알고 있으면 도움이 됩니다.

〈상속세 계산할 때 증여가 아닌 경우〉
① 최초로 협의분할로 특정 상속인이 법정상속분을 초과해서 상속을 받는 경우
② 협의분할 후 상속세 신고기한 이내에 재분할하여 변경된 경우
③ 상속 회복 청구의 소에 의한 법원의 확정판결에 의해 상속인과 상속재산에 변동이 있는 경우

협의분할로 상속을 했다가 다시 재협의를 하는 경우가 종종 있습니다. 예를 들어 형제들 간에 협의가 되지 않아 법정지분으로 상속하기로 해서 등기를 했는데 다주택자가 되거나 무주택자 청약의 기회가 없어지는 경우 등으로 예상치 못한 일이 생기는 경우 다시 협의하기도 합니다.

상속세 신고기한이라면 재분할해도 증여는 아니지만 신고기한이 지난 이후 다시 협의해서 분할하려면 증여세를 내고 등기를 이전해야 하므로 상속재산을 최초에 나눌 때부터 잘 알아봐야 합니다.

재분할하는 다른 케이스로 부부와 자녀 둘이 함께 살다가 남편이 먼저 사망한 경우 배우자에게 아파트와 상속재산을 모두 상속하는 경우입니다. 상속인들 간의 사정에 의해 배우자가 모든 재산을 가져가는 경우도 많습니다. 배우자가 건강하게 지내다 10년 정도 후 사망하면 자녀들은 10년 후 아파트가액과 재산에 대한 상속세를 한 번 더 신고하고 납부해야 합니다.

분할을 잘못해서 증여세가 추가로 나오거나 추가 상속세를 어느 정도 줄이기 위해서 가족들 간의 경제적 상황 및 개인적 사정에 따라 분할을 현명하게 할 필요가 있습니다.

에필로그

걱정 덜어지셨나요?(마치며…)

세금 어렵다고 말씀드렸었죠?
그렇다고 수학 문제처럼 모르는 말은 아니었죠?
용어가 어렵고 처음 듣는 말이 많아 정신없으셨을지 모르겠습니다.

세금을 정복할 필요 없습니다. 정복할 대상도 아니고요. 운동을 잘하려면 힘을 빼는 것처럼 세금도 그렇습니다. 어떤 세금 문제가 생기는지 알고 있고 친한 잘 아는 세무사에게 물어보면 됩니다.

좋은 세무사를 곁에 두는 팁 하나 알려드리겠습니다. 좋은 세무사는 연락 잘되고 관심분야가 비슷한 세무사인 것 같습니다. 세법 지식이나 실력은 기본입니다. 대신 세무사마다 전문분야가 있습니다.

제 전문분야를 소개해 드리면,

저는 법인과 성실신고 사업자 위주로 기장업무를 하고 있습니다. 이유는 깔끔한 재무제표를 좋아해서입니다. 아무래도 법인이나 성실신고 사업자는 매출이 높아서 재무제표가 중요해지고 되도록 좋은 재무제표를 만들어서 대출이나 대외적인 관계에 유리하도록 신경을 쓰고 있습니다.

병의원도 많이 하고 있는데 친형이 한의원을 운영하고 있어 자연스럽게 병의원이 많아진 이유도 있고 하나씩 진료과가 늘어나서 지금은 병의원 장부관리를 꽤 많이 하고 있습니다. 「통장 잔고 2배 늘려주는 병의원 절세비법」책도 출간했습니다.

증여와 상속 분야도 전문으로 하고 있습니다. 세무사였던 아버지 상속세를 직접 신고하고 세무조사를 받으면서 치열하게 세금 줄여본 경험으로 전문분야로 이어졌습니다.

부동산 법인 투자도 전문으로 하고 있습니다. 직접 부동산 투자를 하면서 자연스럽게 법인으로 부동산 투자하는 방법에 대해 강의를 하고 있습니다. 이 분야도 직접 투자를 해야 알 수 있는 세법적인 노하우가 많습니다. 다음 책으로 법인으로 투자하는 방법에 대해 쓰고 있습니다.

자연스럽게 세무조사도 많이 수임하고 있습니다. 세무조사는 저도 항상 긴장이 되지만 마무리가 나쁜 적은 없었습니다. 그러고 보니 오늘도 세무조사 한건 마무리가 잘 됐네요.

상담오시는 분들과 연락 꽤 잘하는 편입니다. 저도 사람이어서 더 잘 해드리고 싶은 분들도 있고 상담으로 끝나는 분들도 있습니다. 저를 이용하려는 분들보다는 저를 존중해 주시고 배려해 주시는 분들에게 더 잘 해 드리는 것 같습니다. 상담을 많이 해보니 구분이 좀 되기는 하네요. 그래도 저와 인연이 되신 분들은 걱정 없이 도움드리고 싶은 사명감이 있습니다.

그냥 하는 말이 아니라 세금 줄이는데 진심입니다.

저도 10년 넘게 세무사를 하고 있지만 매년 개정되는 세법을 업데이트하고 많은 상담을 하면서 새로운 케이스를 만납니다. 항상 노력해야 되는 것 알고 있습니다. 새로운 세금 분야를 더 공부하기도 합니다.

열심히 하고 있지만 세무사로 아버지를 뛰어넘지 못하고 있는 것 같네요. 더 열심히 해야겠습니다. 아버지와 같은 일을 하면서 아버지의 업무 흔적을 보기도 합니다. 어려운 케이스가 생기면 아버지는 어떻게 하셨을까 생각합니다. 항상 너무 그립고 보고 싶습니다.

이 책은 저에게 뜻깊은 책입니다.

도전하는 것을 좋아합니다. 책 쓰기에 도전해서 출판사를 통해서 출간한 3권의 책이 있습니다. 이 책은 출판사에 원고를 넘기지 않고 직접 출간했습니다. 편집은 혼자 해보려고 했지만 인디자인 프로그램공부만 하고 전문가 선생님께 부탁드렸습니다. 디자인 센스는 공부로 안되니까요. 드디어 끝이 보이네요. 인쇄소에 맡기고 서점과 계약까지 마무리할 예정입니다.

이 책이 저의 날개가 되어 더 많은 책을 만들 수 있도록 도와주면 좋겠습니다.

세금 줄이는 일이 제 천직이라고 생각합니다.
좋은 분들 만나는 기회를 항상 감사하게 생각합니다.

세금에 관한 다소 딱딱한 책이지만
자녀에게 조금이라도 더 주려는 모든 부모님들과
더 열심히 노력해서 어린 자녀들에게 더 주려는 우리들에게
도움이 되는 책이면 좋겠습니다.

"Family is not an important thing, it's everything."

- Michael J. Fox

"가족은 중요한 것이 아니라 모든 것입니다."

- 마이클 J. 폭스

부록
신고 절차들

(부록도 꼭 보세요!)

증여세 신고절차

1. 증여세 신고기한은?

증여세는 증여를 받는 사람(수증자)이 신고를 하고 납부를 해야 합니다. 수증자는 증여세 신고서를 작성해서 증여 일이 속하는 달의 말일부터 3월 이내에 관할세무서에 제출을 해야 합니다. 말이 어렵네요. 예를 들어보겠습니다.

예 1> 증여 일이 2023년 1월 5일인 경우 : 증여세 신고기한은 2023년 4월 30일까지

예 2> 증여 일이 2023년 4월 30일인 경우 : 증여세 신고기한은 2023년 7월 31일까지

2. 증여를 하기 전에 정해야 하는 것들

1) 증여재산은 얼마일까?

　부동산 등의 자산을 매매하는 경우에는 돈을 주고받기 때문에 금액이 정해져있습니다. 그런데 증여는 돈을 받지 않고 무상으로 주기 때문에 증여를 하는 대상이 얼마인지 알 수가 없습니다. 그래서 증여재산이 얼마인지 정해야 합니다.

　기본적으로 증여재산은 증여일 현재의 시가로 평가를 합니다. 다만, 시가를 산정하기 어려운 경우 재산의 종류, 규모, 거래 상황 등을 감안하여 규정된 방법에 따라 평가한 가액을 시가로 봅니다.

　아파트의 경우 동네 부동산에 우리 아파트 얼마인지 물어보면 대략 이야기를 해주지만 그것도 거래가 되는 경우 시가라고 인정할 수 있습니다. 시가라고 딱 정해 놓은 것은 없어서 어떤 금액이 시가인지 잘 알기도 힘들고 시가라는 말도 애매합니다.

　시가를 어렵게 정의해 놓은 말은 있습니다. 시가란 불특정 다수인 사이에서 자유로이 거래가 이루어지는 경우에 통상 성립된다고 인정되는 가액인데 쉽게 제3자 간 거래되는 금액입니다.

증여일 전 6개월 후 3개월 이내 기간 중 매매, 감정, 수용, 경매 또는 공매가 있는 경우 그 금액으로 합니다.

시가가 얼마인지에 대해 여러 가지 상황이 발생합니다. 유사한 자산이 매매가 됐다면 어떤 자산을 기준으로 해야 되는지, 감정으로 하는 것이 유리한지 등 여러 가지 문제가 생깁니다. 실제로 국세청과 세금을 납부하는 납세자의 생각 차이로 많은 세금 차이가 나기도 합니다.

시가를 어떻게 정하느냐에 따라 세금을 더 내고 덜 낼 수 있습니다. 세금은 항상 아까우니까 덜 내는 방법을 찾아봐야 합니다.

2) 증여공제 적용하고 세금계산하기

증여자	배우자	직계존속	직계비속	기타친족	기타
공제한도액	6억 원	5천만 원 (2천만 원)	5천만 원	1천만 원	없음

증여공제를 적용해서 세금이 얼마 나오는지 계산을 해봐야 합니다.

중요한 것은 증여를 하기 전에 꼭 증여 전문 세무사와 상담을 하고 실행을 해야 합니다. 책의 앞부분에서 설명을 했지만 증여공제를 적용을 잘못하는 경우가 생각보다 많습니다. 세금에서 착각이나 실수는 불필요한 지출로 돌아올 수 있습니다.

상속세 신고절차

1. 사망신고하기

사망신고는 사망자의 본적지 또는 신고인의 주소지의 구청이나 동주민센터 등에 합니다. 사망신고는 동거가족 중에 한 명이 하면 되고 사망 후 1개월 이내 신고해야 합니다. 신고기한 이내 신고를 하지 않은 경우 과태료 5만 원이 부과됩니다.

실무상 꿀 팁은 돌아가신 분이 인터넷뱅킹에 가입되어 있다면 사망신고하기 전에 엑셀로 통장 내역 10년 이전 것까지 다운로드 해 놓으면 좋습니다. 나중에 은행에 가서 자료 받아도 되지만 보통 엑셀로 안 주고 프린트를 해서 줍니다.

그리고 서류 요청을 하려면 서류도 많이 필요하고 은행마다 가서 자료를 요청해야 되므로 시간도 꽤 많이 걸립니다.

2. 상속세 신고기한

상속세 신고는 상속개시일이 속하는 달의 말일부터 6월 이내에 신고를 하고 납부를 합니다. 쉽게 말하면 사망일로부터 대략 6개월 이내 세무서에 상속세 신고를 하고 납부를 해야 합니다. 상속세 신고는 사망자의 거주지 세무서에 신고를 하면 됩니다.

3. 상속재산 확인

상속세 신고를 위해 상속받은 재산을 모아봐야 합니다. 가족이 많거나 예전에 가입한 보험은 찾기 어려운 경우가 있습니다.

이런 경우를 대비해서 안심상속원스톱 서비스를 받으면 상속재산을 모두 확인할 수 있습니다. 신청은 구청이나 관할 동주민센터에서 가능하므로 사망신고를 할 때 안심상속원스톱 서비스를 함께 신청하면 좋습니다.

배우자나 자녀 등 상속인이 정부24 사이트에서 인터넷으로 신청을 할 수 있는데 공동(구, 공인)인증서가 있어야 합니다.

보통 7일에서 20일 이내 처리가 되어 결과를 알려줍니다. 상속재산을 모두 알고 있더라도 안심상속원스톱 서비스를 꼭 신청해서 받아보는 것이 좋습니다. 상속세 신고를 할 때 조회된 재산을 함께 첨부해서 제출할 수 있기 때문입니다.

4. 상속인 순위

상속재산을 받는 상속인은 순위가 있습니다. 일반적으로 배우자와 자녀가 1순위입니다. 만약 배우자와 직계비속인 자녀가 없다면 2순위와 3순위를 정해야 합니다.

1순위 : 피상속인(사망자)의 직계비속(자녀) 및 배우자

2순위 : 피상속인(사망자)의 직계존속(사망자의 부모님)과 배우자

3순위 : 피상속인(사망자)의 형제자매 (1, 2순위가 없는 경우)

4순위 : 피상속인(사망자)의 4촌 이내 방계혈족 (1, 2, 3순위가 없는 경우)

드라마에서 본듯한 잘 모르는 먼 친척의 재산을 모두 물려받는 경우는 4순위가 되어야 가능한 일입니다. 정말 드라마에서 일어나는 일입니다.

5. 상속지분 정하기

1) 지정 상속

피상속인(사망자)가 유언에 의하여 상속인들의 상속분을 미리 지정할 수 있습니다. 하지만 유언의 효력에 대해 많은 다툼이 발생할 수 있습니다.

2) 법정 상속분

피상속인(사망자)의 배우자의 상속분은 자녀 등과 공동으로 상속하는 경우 50%를 가산합니다. 예를 들어 배우자와 자녀 2명이 상속을 받는 경우 배우자는 1.5, 자녀는 각각 1입니다.

배우자 : 1.5/3.5, 자녀 각각 : 1/3.5

상속재산의 분할은 협의해서 분할하는 것이 우선입니다. 상속인들 간에 동의만 된다면 그 비율대로 상속을 하면 되지만 그렇지 않은 경우 법정상속분으로 상속을 받습니다.

법정상속분에 대해서도 협의가 되지 않는다면 유류분 청구를 하는 방법이 있습니다.

6. 유류분 확인

상속재산을 분할하는 과정에서 상속재산이 잘 정리가 되지 않는 경우가 종종 있습니다. 자녀 한 명이 상속재산의 전부를 가져간 경우나 사망하기 바로 전에 상속재산의 대부분을 자녀가 미리 증여를 받은 경우 다른 상속인들이 인정을 하지 못하는 경우가 있습니다.

이 경우 유류분 청구를 해서 재산의 일정 부분을 확보할 수 있습니다. 유류분의 비율을 법정상속분으로 오해하는 경우가 많은데 그렇지는 않습니다. 유류분의 비율은 법정상속분의 반 정도입니다.

즉, 유류분 청구 소송을 통해 승소를 한 경우 법정상속분의 1/2 정도를 가져올 수 있습니다.

* 유류분의 비율 : 법정상속분의 1/2

7. 상속포기와 한정승인

상속재산보다 채무가 많은 경우 상속을 받지 않을 수 있습니다. 상속의 포기는 피상속인(사망자)의 재산에 대한 모든 권리와 의무를 모두 받지 않고 상속인이 아니었던 것과 같은 효력이 발생됩니다. 상속포기는 상속포기 기간 내에 법원에 상속재산포기 심판청구를 해야 합니다.

한정승인은 상속인이 상속받은 재산의 한도 내에서 피상속인(사망자)의 채무와 유증을 변제할 조건으로 상속을 받는 것입니다.

상속포기나 한정승인은 모두 법원에 기간 내에 꼭 신청을 해야 합니다. 사망일(상속개시일)로부터 3월 내에 법원에 꼭 신청을 해야 하므로 주의해야 합니다.

부동산 등과 같이 등기가 필요한 재산들은 상속등기를 해야 합니다. 상속등기 기한은 따로 정해져있지는 않지만 사망일이 속하는 달의 말일부터 6개월 안에 취득세 등을 납부해야 하므로 대략 6개월 안에 상속등기를 하고 취득세 등을 납부하는 것이 좋습니다.

상속세 신고기한과 동일하므로 세무서에 상속세 신고를 하기 전에 상속등기를 하고 취득세를 납부하면 됩니다.

9. 상속세 납부

상속세는 신고기한 이내에 납부까지 하는 것이 원칙입니다. 다만 상속세는 금액이 큰 경우가 많아서 분납이나 물납, 연부연납이라는 것을 할 수 있습니다.

1) 분할납부

상속세가 1천만 원을 초과하는 경우 납부할 세액의 일부를 납부기한 경과 후 2개월 이내에 낼 수 있습니다. 다만 2천만 원이 넘지 않는다면 1천만 원을 초과하는 금액을 내고 나머지를 납부합니다.

예 1) 납부기한 1월 31일, 상속세 4천만 원 : 1월 31일 2천만 원, 3월 31일 2천만 원 납부

예 2) 납부기한 1월 31일, 상속세 1천5백만 원 : 1월 31일 1천만 원, 3월 31일 5백만 원

2) 연부연납

상속세 납부할 세금이 2천만 원을 초과하는 경우 세무서에 담보를 제공하고 상속세 납부세액을 각각 1천만 원을 초과하도록 연부연납 기간을 정하여 매년 세액을 나누어 낼 수 있습니다.

연부연납은 세무서의 허가를 받아야 하는데 상속세 신고기한 이내에 연부연납을 같이 신청을 하면 나중에 허가 여부를 알려줍니다.

연부연납은 10년간 나눠서 낼 수 있어 좋습니다. 다면 일정한 이자를 부담해야 하는데 은행의 대출이자보다 훨씬 적습니다.

3) 물납

상속받은 재산의 대부분이 부동산인 경우 세금을 내기 어려운 경우가 있습니다. 이런 경우 세무서에 부동산 등으로 세금을 납부하겠다고 물납을 신청할 수 있습니다. 물납의 경우에도 세무서가 허가를 해줘야 하므로 모든 부동산이 가능한 것은 아닙니다.

이 책을 읽기 전에
증여하지 마세요

1판 1쇄 발행일 2023년 11월 20일
1판 3쇄 발행일 2024년 5월 1일
지은이   김국현

발행인   김국현
디자인   이민선

펴낸 곳   리치타임
주소   서초구 강남대로455 2층
도서문의   taxkh@naver.com
등록   2023년 5월 11일 (제2023-000093호)

값 14,900원
ISBN 979-11-984519-0-3 (13320)

※ 이 책은 저작권법에 따라 보호를 받는 저작물이므로 무단전재 및 복제를 금합니다.
※ 잘못된 책은 구입하신 곳에서 바꾸어 드립니다.